混迷する中古マンション流通市場

浅香又彦 著

岡山を中心とした事例

大学教育出版

はじめに

　最近、岡山の分譲マンションは大都市圏の都心回帰と同様に、中心部に集中したマンション建設が盛んになってきた。即ちマンションストックはますます増加してゆく。岡山でマンションが建設されて30数年の歴史があるが、まだマンションの更新（建替え）が行われない状態では、そのストックは年々増大するばかりである。

　新築マンションは入居することにより、直ちに中古マンションとなり、ストックを形成する。岡山では新築マンションの販売チラシが、市中に大きく宣伝されている。しかしストックに対してはまったく情報が認知されていない。もちろん中古マンション情報は不動産業者のチラシ・新聞等で流されているが、その実態（流通量、中古マンション価格情報等）はまったく知られていない状態である。

　いままでのストックは（初期供給されたマンション）、買い替え目的であり、非永住であり、ストックとして重視されていなかった。

　わが国の住宅ストックがすでに世帯数を超え、住宅の質が本来的に求められている。そこでわが国の住宅政策も従来の新築重点主義的、フロー重視からストック重視に転換しようとしている。そして、近時の分譲マンション購入者の大半が永住目的になってきた。

　ところが、岡山における中古マンションストック情報に対してはほとんど未知の世界である。

　そこで、この著書では、中古マンションに焦点を当て、岡山の中古マンションの量的・価格的な状況を把握し、中古マンション市場について解明することと、もう１つ国土交通省が「不動産取引情報の公開制度」導入に向けて検討している現状に先駆け、中古マンションの成約価格情報の公開を行うことに大きな意味を持つものと思われる。その調査集積された量は極めて少量ではあるが、

不動産業の透明化、価格の情報公開に少しでも貢献できればと思うところである。また、中古マンションの価格査定について、岡山においては取引事例の評価が主流であるが、この取引事例が量的に少なく（理由は宅地建物取引業の守秘義務による）、かつ、この取引事例が量的に少ないために、「正常価格」「売り進み価格」の選別ができない状況である。このため「売り進み価格」を採用して査定してしまうと、その価格が連続して査定の基礎となることになる。また査定の基準に「マンション管理」の内容がほとんど皆無に近く反映されていない現状である。このように、マンションの生命線であるといわれる管理が除外されていることは、中古マンション価格査定の大きな課題といわなければならない。

　また、分譲マンションと一戸建て住宅との違いはどのようなものか、ほとんどの人達には、単に鉄筋コンクリート造りなどのように構造的な違いくらいにしか理解されてはいないか。

　実際、その違いは大きく異なり、分譲マンションには大きな特徴と特殊性があり、この本質的特徴を知らずに生活していると、マンション生活に大きな錯誤をきたすことになる。このことが、マンション問題、マンショントラブルの原因の1つであることに対して、一戸建て住宅と異なる特徴的特質を明らかにすることで、問題提起とその解決の一端を提示した。

　第1章では、岡山の分譲マンションストックの集積状況、供給動向、その特徴について、第2章では、中古マンションの流通の現況と、その事例一覧表、中古マンションの流通量の推定と予測を述べた。第3章では、とどまるところを知らない土地価格の下落、そして土地価格、中古住宅、中古マンションの価格はどのようにして形成されているのかを検証し、岡山における不動産仲介の業務の一端に触れ、現在の中古マンションが建設されてから5年も経過すれば、価格は半値であるなどとの評価について、その価格は適正であり、かつ、妥当であるのかを検証し、現在の価格査定について、取引事例の極めて少量による査定の不正確さと、「マンション管理」が価格に反映されない矛盾と課題を指摘した。第4章では、分譲マンションの持つ特殊性と特徴を点検し、運命共同体といわれる、マンションの共有・共同社会を改めて見直し、その問題点の解決の一端を指摘した。

これからの岡山の「中古マンションの市場の解明」、そして「不動産取引情報公開」の糸口となる情報の提供、中古マンションの価格査定の問題点と課題、マンションの大きな特質・特徴の認識等を提示し「マンション問題」「マンショントラブル」の原因の1つであることに対して問題解決の一端を指摘した。

　なお、この著書で論じる分譲マンションは、あくまでファミリー型分譲マンションを主体としたもので、区分所有ではあるが、地域コミュニティの欠落しているワンルームマンションは除外し、かつ賃貸マンション、リゾートマンションも除外して考察したものである。

2004年12月

著　者

混迷する中古マンション流通市場
―― 岡山を中心とした事例 ――

目　次

はじめに ··· 1

第1章　岡山のマンションストックに関する分析 ························· 9

第1節　岡山の住宅事情と社会的環境について ································· 9
(1) 岡山の住宅事情　9
(2) 共同住宅が大幅増　9
(3) 岡山の住宅を取り巻く社会的環境　12
(4) 都市部の人口推移　13
(5) 世帯数　15

第2節　岡山の分譲マンション供給動向（経済的環境、政策）············ 17
(1) 高度成長期(1955(昭和30)年～1975(昭和50)年)　17
(2) 安定成長期(1975(昭和50)年～1985(昭和60)年)　18
(3) バブル経済期(1985(昭和60)年～1991(平成3)年)　19
(4) バブル崩壊後から現在(1992(平成4)年～現在)　20

第3節　岡山の分譲マンションストックの集積状況（年次別戸数）············ 21

第4節　マンションストックの立地別・規模別・価格別動向と特徴 ············ 23
(1) 供給年別・完成時期別マンションの特徴　23
(2) 岡山の立地別マンションの動向と特徴　24
(3) 岡山のマンション規模別動向と特徴　26
(4) 岡山のマンション専有面積の動向と特徴　30
(5) 岡山の新築マンション価格の動向と特徴　30
(6) 竣工後経過年数別動向　31

第5節　岡山のマンションストックの平均像と動向 ································ 33

第2章　岡山の中古マンションの流通に関する分析 ························· 34

第1節　中古マンション流通の現状 ·· 34
第2節　中古マンション売買成約一覧表（集計表）································ 36
第3節　中古マンションの価格推移 ·· 59
第4節　土地価格の推移（平均価格）·· 59
(1) 岡山の住宅地と商業用地の平均価格の推移　59
(2) 分譲マンション立地付近の土地価格　62

第5節　具体的分譲マンションの年次別価格動向の研究検証……………… 67
　第6節　中古マンション流通量の推定予測 ……………………………… 71
　　　(1) 岡山の分譲マンション流通量の把握　71
　　　(2) 岡山の中古マンション市場の予測　71

第3章　中古マンション価格の疑問 ………………………………… 73
　第1節　土地価格はどのようにして決まるのか ………………………… 73
　　　(1) それでは公示価格とはどういう価格なのか　77
　　　(2) 公示価格の本来の機能　79
　　　(3) 公示価格の問題点　79
　第2節　一戸建て中古住宅の価格について ……………………………… 82
　　　(1) 中古住宅に関する日本人の考え方　82
　　　(2) 政府(国)の施策はどうであったか　83
　　　(3) 中古住宅の評価　83
　第3節　中古マンションの価格決定について …………………………… 85
　　　(1) 中古マンション住宅政策の動向　85
　　　(2) 価格査定マニュアル　87
　　　　＊価格査定マニュアルの基本構造　88
　　　(3) 中古マンション価格査定マニュアル　89
　　　　＊価格査定マニュアルの前提条件　90
　　　(4) 日常の不動産売買価格はどのようにして決まるのか　91
　　　　＊価格査定について(宅建業者)　94
　　　　＊媒介契約に関する意見の根拠の明示義務について　95
　第4節　具体的中古マンション価格の疑問 ……………………………… 96
　　　(1) 地価の下落のマンション価格への影響　96
　　　(2) 具体的分譲マンションの価格検討(疑問点)　97
　第5節　中古マンションの価格査定の課題……………………………… 100
　　　(1) 不動産情報(中古マンション)が少ないままの価格査定　100
　　　(2) マンション管理が価格に加味されていない　102

第4章　分譲マンションの特徴と問題点 ……………………………… *104*
　　第1節　一戸建て住宅と分譲マンションの根本的相違点 …………… *104*
　　第2節　問題点と解決の一端について（本質的理解について）……… *110*
　　　　（1）分譲マンションの特性、特殊性の不完全情報による問題点　　*110*
　　　　（2）中古マンション流通の問題点　　*114*

参考文献、引用文献 …………………………………………………………… *117*
別表　マンション一覧表 ……………………………………………………… *118*
おわりに ………………………………………………………………………… *132*

第1章 岡山のマンションストックに関する分析

第1節　岡山の住宅事情と社会的環境について

(1) 岡山の住宅事情

　平成15年住宅・土地統計調査の速報によれば、平成15年10月1日現在における全国の総住宅総数は5,387万戸、総世帯数は4,722万世帯となっており、総住宅数が総世帯数を664万戸上回っている。

　岡山県の住宅総数は、平成10年10月には75万9,000戸で、平成5年の69万2,500戸に比べ、6万6,500戸、9.6％の増加となっている。平成15年の住宅総数は80万3,500戸で、平成10年に比べ、4万4,600戸の増加であり、その増加率は5.9％であった。

　住宅総数は昭和43年に住宅数が世帯数を上回って以来、着実に増加を続け、1世帯当たりの住宅数は昭和43年の1.03戸から昭和63年には1.14戸までに達した後、平成5年には1.11戸と減少したが、平成10年には再び1.15戸に増加し、平成15年には1.22戸と増加した。

(2) 共同住宅が大幅増

　全国ベースでは、共同住宅が大幅に増加、しかも高層化が進むようである。居住世帯のある住宅は4,684万戸で、そのうち一戸建ては2,648万戸、共同住宅は

図表1-1 総世帯数と住宅総数の推移

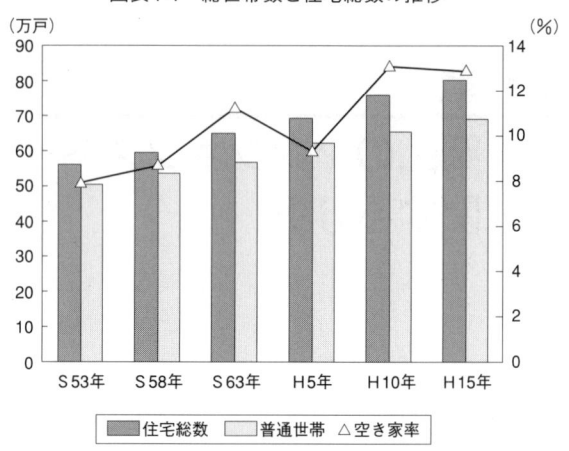

1,872万戸で40.0％を占めるまでになった。平成10年と比べると、一戸建ての4.8％増に対して、共同住宅は12.8％と伸びている。

共同住宅の中では、「6階以上」が35％、中でも「11階以上」が37％と大幅に増加し、高層化が一層進行している。

共同住宅の割合は、大都市圏が50.8％と全国平均を大きく上回り、特に関東圏大都市圏では55.0％になっている。

東京圏においては、オフィスビル、マンションも都心部への大型であり、超高層のマンションラッシュが脚光を浴びている。再開発では六本木ヒルズ、品川

図表1-2 共同住宅の階数別住宅数の推移

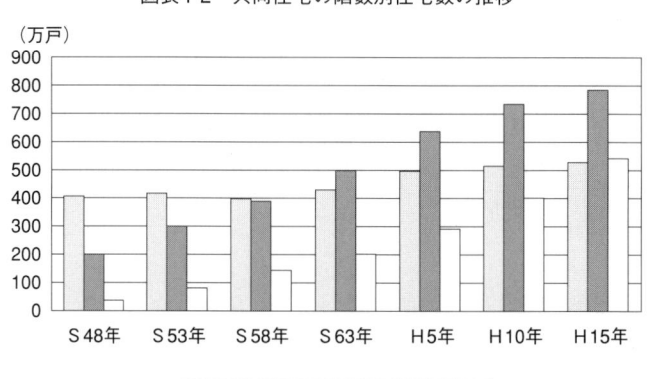

図表1-3　岡山市の中高層、共同住宅建築確認申請状況　　単位：棟

階層	平成13年	14年	15年	計
3	40	52	52	144
4	12	12	12	36
5	2	9	9	20
6	5	5	5	15
7	4	5	5	14
8	11	5	5	21
9	2	5	5	12
10	6	4	4	14
11	8	2	2	12
12	1	2	2	5
13	2	4	4	10
14	7	6	6	19
15	5	4	4	13
16	0	0	0	0
17	0	0	0	0
18	0	0	0	0
19	0	0	0	0
20	0	0	0	0
21	0	1	2	3
22	0	0	0	0
23	0	2	2	4
24	0	0	0	0
25	0	0	0	0
26	0	0	0	0
27	0	0	0	0
28	0	0	0	0
29	0	0	0	0
30	0	0	0	0
31	0	0	0	0
32	1	1	0	2
計	106	119	123	348

湾岸戦争といわれる職住近接の新しい街、大量のしかも、超高層のマンション供給が行われた。

　こうしたことが、共同住宅の大幅増加と、高層化を大きく促進した証拠である。しかもまだ、この傾向は続くと予想されている。

　岡山における状況はどうであろうか、共同住宅は若干ながら増加はしているが、大都市圏に比べると、ほとんどその伸びは少ない（図表1-3参照）。また、高層化についても32階までであり、地方都市の実態を象徴している現状である。

(3) 岡山の住宅を取り巻く社会的環境
　① 人口と世帯数

　岡山県の人口は、平成15年では195万952人である。平成2年から5年間に1.3％、2万4,873人の増加を見た。岡山県全体の人口の推移を見ると、昭和30年〜35年及び35年〜40年は減少を示し、昭和45年以降増加に転じ、45年〜50年は6.3％増となった。この時期が一番大きな伸びを示している。

　その後、昭和50年〜55年3.1％増、55年〜60年2.5％増、60年〜平成2年0.5％増と増加率は低下し、平成2年〜7年には1.3％増と再び増加したもの

図表1-4　人口総数の推移　　　　　　　　　　　単位：人

	人口総数	人口増減	
		増減数	増減率
昭和25年	1,661,099	96,473	6.2%
昭和30年	1,689,800	28,701	1.7%
昭和35年	1,670,454	▲19,346	▲1.1%
昭和40年	1,645,135	▲25,319	▲1.5%
昭和45年	1,707,026	61,891	3.8%
昭和50年	1,814,305	107,279	6.3%
昭和55年	1,871,023	56,718	3.1%
昭和60年	1,916,906	45,883	2.5%
平成2年	1,925,877	8,971	0.5%
平成7年	1,950,750	24,873	1.3%
平成12年	1,950,828	78	0.0%
平成15年	1,950,952	124	0.0%

図表1-5 人口総数と増減率

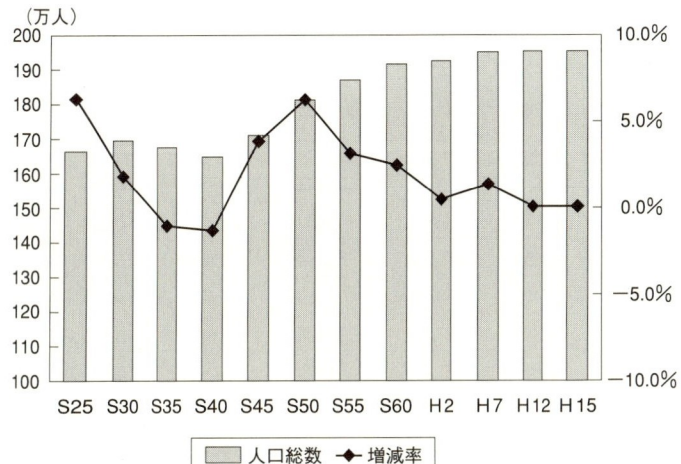

の、平成7年～12年には人口減少に転じている。平成15年には僅かの増加であり、停滞気味である。今後人口が大きく伸長する要素は非常に低い。

もちろん、日本全体の少子化によるものではあるが、地方都市としての魅力を発揮できなければ、人口の減少傾向は避けて通れないものかもしれない。

(4) 都市部の人口推移

岡山県の人口推移を見ると、日本国中の地方圏に見られる傾向であるが、都市部への人口集中が続いている。平成7年、岡山市31.6％、倉敷市21.7％と2市で全県の半数以上の53.3％を占めている。平成15年度には岡山市32.6％、倉敷市22.6％と2市で54.9％とその比率が大きくなっている。都市部への人口集中と相俟って、郡部の人口は昭和60年以降減少が続いている。今後とも、人口の都市部への集中は鈍化しながらも進んでいくものと考えられる。

また、人口増減率で見ると、岡山市、倉敷市以外のほとんどの市部で減少傾向にある。僅か総社市のみが減少を逃れているが、津山市も平成12年度から減少傾向にあり、ほとんどすべての市部においても減少している。

岡山市においては、昭和55年～60年2万6,896人、60年～平成2年2万1,251

図表1-6　人口総数

			人口総数（人）					
			S55	S60	H2	H7	H12	H15
実数	総　数		1,871,023	1,916,906	1,925,877	1,950,750	1,950,828	1,950,952
	市　部		1,347,929	1,386,091	1,404,922	1,434,720	1,445,937	1,453,245
		岡山市	545,583	572,479	593,730	615,757	626,642	635,232
		倉敷市	403,785	413,632	414,693	422,836	430,291	434,430
		津山市	83,136	86,837	89,400	91,170	90,156	90,009
		玉野市	77,803	76,954	73,238	71,330	69,567	67,885
		笠岡市	61,917	60,598	59,619	60,478	59,300	57,940
		井原市	37,373	37,212	36,076	35,076	34,817	34,593
		総社市	49,107	51,240	52,724	56,097	56,531	56,670
		高梁市	27,260	26,553	26,003	26,072	25,374	24,622
		新見市	28,933	28,343	27,291	25,513	24,576	23,807
		備前市	33,032	32,243	31,148	30,391	28,683	28,057
	郡　部		523,094	530,815	521,955	516,030	504,891	497,707

図表1-7　構成比

			構　成　比（%）					
			S55	S60	H2	H7	H12	H15
実数	総　数		100.0	100.0	100.0	100.0	100.0	100.0
	市　部		72.0	72.3	72.9	73.5	74.1	74.5
		岡山市	29.2	29.9	30.8	31.6	32.1	32.6
		倉敷市	21.6	21.6	21.5	21.7	22.1	22.3
		津山市	4.4	4.5	4.6	4.7	4.6	4.6
		玉野市	4.2	4.0	3.8	3.7	3.6	3.5
		笠岡市	3.3	3.2	3.1	3.1	3.0	3.0
		井原市	2.0	1.9	1.9	1.8	1.8	1.8
		総社市	2.6	2.7	2.7	2.9	2.9	2.9
		高梁市	1.5	1.4	1.4	1.3	1.3	1.3
		新見市	1.5	1.4	1.4	1.3	1.3	1.2
		備前市	1.8	1.7	1.6	1.6	1.5	1.4
	郡　部		28.0	27.7	27.1	26.5	25.9	25.5

図表1-11　世帯数規模の推移

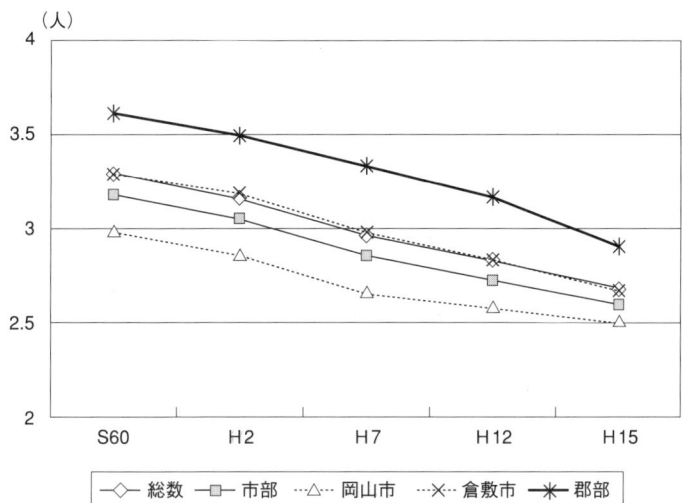

　岡山市においても、同様な傾向にあり、昭和60年には2.99人のものが、平成2年には2.86人となり、平成7年には2.66人となり、平成7年には2.57人となった。平成15年には2.49人と減少し、岡山県と同様の傾向を示している。
　まさしく縮小する世帯人口の構図である。

第2節　岡山の分譲マンション供給動向
　　　　（経済的環境、政策）

(1) 高度成長期（1955（昭和30）年〜1975（昭和40代）年）
　都心部においては、都市部の住宅不足が顕著になった。日本住宅公団設立により、1995年住宅建設10か年計画が策定され、「団地」と言われる住宅様式が確立された。
　1960年　『住宅地区改良法』
　1963年　『新住宅市街地開発法』が設立、公的ニュータウンが開発された。

1965年　『地方住宅供給公社法』制定
1966年　『住宅建設計画法』第1期住宅建設5か年計画（一世帯一住宅の持ち家政策）
第2期住宅建設計画（一人一室の実現を目指す）

　岡山では1970年に初めて分譲マンションが供給された。本格的分譲マンションの黎明期を迎えることになった。7階建て31戸の分譲マンションであった。続いて1972年には地元業者（角南(株)）が郊外に4階建てを2棟32戸建設、40m²～50m²の賃貸にも向けられる規模の分譲マンションを販売した。

　1973年には同じ地元業者、三長商事(株)が158戸というこの時期には比較的大きな分譲マンションを建設販売した。専有面積は60m²程度のマンションであった。そして同じ頃、専有面積73m²平均のファミリータイプのマンションが91戸販売され、岡山に初めて本格的分譲マンション時代が到来することになる。

　しかし、第一次オイルショック（1973年）に遭遇し、次々と建設されたマンションは、竣工するも完売には程遠い状況に追い込まれ、分譲マンションの芽がしぼんでしまった。

図表1-12　岡山の1970年代の主な分譲マンション

マンション名	販売戸数	平均専有面積	平均販売価格	竣工年
メゾン操山	90	73m²	857万円	1973年
両備ハイコーポ	48	83m²	1,500万円	1974年
旭川ハイツ	80	69m²	800万円	1974年
プレジデント後楽園	92	87m²	1,700万円	1974年
シャトレーハイツ	91	61m²	1,328万円	1974年
サンポー旭川	55	36m²	1,277万円	1974年

(2) 安定成長期（1975（昭和50）年～1985（昭和60）年）

　1950年代に入ると、経済が鈍化し住宅市場も従来からの新築需要から建て替え需要へと軸足を移しはじめた。

1976年　第3期住宅建設計画（量的充足から『住宅の質的向上』『最低居住水準』『平均居住水準』が設定された）

図表1-13　1975年から80年にかけての主たる業者の供給戸数

	業者名	期間(年)	建設数	戸数(戸)
(県外業者)	(株)熊谷組	1975～81	5	191
	三井不動産(株)	1981～85	4	127
	野村不動産(株)	1982～85	6	172
	丸　紅　(株)	1976	1	168
(県内業者)	勤労者住宅協会	1980～83	4	223
	東光土地開発(株)	1983～86	4	96
	ヒバ建設(株)	1981～83	4	134

『分譲マンションのマーケティング』(2001) より

　首都圏では、住宅用地の確保が困難になる中、民間デベロッパーが住宅団地の供給やマンション建設が急ピッチで行われてきた。

　岡山の分譲マンションは、第一次オイルショックにより、芽生えてきたマンションの供給が閉ざされてきた。年間1棟～6棟と僅かで、その年間平均供給戸数は134戸程度であった。

　この期間の特徴的なものは、エバーグリーンシリーズで岡山市中心部に一部飲食店舗付のマンションを建設した(株)熊谷組。三井不動産(株)、野村不動産(株)、丸紅(株)が参入し、大手マンション業者が進出したのもこの時期であった。

　地場県内業者では岡山勤労者住宅協会、東光土地開発(株)、ヒバ建設(株)等が新しくマンションに進出した。

(3) バブル経済期(1985(昭和60)年～1991(平成3)年)

　この時期、土地資産のキャピタルゲインを求め、都市部を中心に投機的取引が行われた。

　1986年第5期住宅建設計画『誘導居住水準』が設定された。

　岡山では、1985年頃から岡山に進出した大京(株)が、投資型マンションを市内中心部に集中的に建設した。これを契機に、容積率の優位性を生かす分譲マンションが建設されはじめ、岡山の分譲マンションのブームを迎えることになる。

図表1-14　岡山における1985年～91年の主たるマンション建設業者

業者名	期間(年)	建設数	戸数(戸)
(株)穴吹工務店	1987～91	8	543
大京(株)	1988～92	8	278
日選開発(株)	1987～90	7	227
ダイヤ建設(株)	1990	3	145
広建(株)	1988～91	4	253
丸紅(株)	1987～92	2	103
藤和不動産(株)	1989	1	50
朝日住建(株)	1990	2	201
アスター(株)	1989～90	2	131
パスコ(株)	1988	1	84
(株)マックホームズ	1991～92	2	117

　1987年～1990年まで大手不動産業者、マンション業者が大挙して岡山市場に乗り出し、第一次マンションブームを形成することになった。1990年には、年間1,000戸を超える供給量になった。大京(株)もファミリー型の分譲マンションを建設販売し、四国高松に本社を置く(株)穴吹工務店の進出、低価格志向の日選開発(株)、ダイヤ建設(株)、広建(株)、藤和不動産(株)、朝日住建(株)が大挙して岡山に乗り出してきた。一方、地元県内業者は2社程度と低調なのが特徴でもあった。

(4) バブル崩壊後から現在(1992(平成4)年～現在)
　地価が年々下落していった。(株)日本不動産研究所の調査によれば、首都圏のマンション価格は1950年を10基点とすると、1990年には400.2まで上昇したが、2000年には263.7まで下落した。このためバブル期に取得したファミリー層は住み替え・買い替えが困難になっている。その一方、地価下落を反映して、新規供給のマンションが増加し、都心回帰が顕著になってきた。
　岡山では約3年から4年遅れの傾向で、1993年には低価格・低金利、商品向上により若年層の第一次取得者に対象を絞り、短期間であったが第二次マンションブームを迎えた。1997年、丸紅(株)が30階建ての超高層分譲マンションを

建設、住宅ローン減税の恩恵を受け第三次ブーム（短期間）が到来した。それ以降、順調にブームが形成され、1999年からの第四次ブームと同時に都心回帰の傾向が強まり、2004年には岡山で最高の32階108m、最上階1億円の岡山最初の億ションが誕生した。

2003年末までには、岡山で約300棟、1万5,000世帯の分譲マンションが供給されてきた。

岡山の分譲マンション供給の大きな特徴は、すべて民間供給であるということである。これは大都市圏とまったく異なる特徴である。

1992年以降、続けて供給している分譲マンション業者は、(株)穴吹工務店、穴吹興産(株)、大倉建設(株)、和建設(株)、地元県内業者としては岡山昭和住宅(株)、両備バス(株)が主なところである。2000年を過ぎた頃から、九州、四国愛媛県、香川県、広島県の業者の進出が目立つようになってきたのも特徴の1つである。

第3節　岡山の分譲マンションストックの集積状況（年次別戸数）

岡山における民間分譲マンションストックは、平成15年度末の時点で33年経過し、306棟の1万5,197戸となっている。

これを10年前の平成5年末と比較すると、2.17倍、5年前の平成10年と比較すると1.2倍の規模になっている。岡山におけるマンションストックは、年々その規模を拡大している。

平成15年の竣工戸数は825戸であり、平成7年、8年、10年の1,000戸を超える戸数からは低下しているが、平成12年度から平均して800戸台を保っている。今後も800戸から1,000戸の間で竣工戸数は続くものと想定される。

(2) 岡山の立地別マンションの動向と特徴

表1-18のごとく、岡山の分譲マンション建設地の特徴は、中心地の用途指定地域の商業用地での建設は少ない。また、規模も小さなものだけである。初期の頃の分譲マンションは、環境面、教育立地の良好な場所等、比較的郊外とまではいかないまでも、商業用地でなく住居用途地区での（容積率200％）建設が主流であった。いわゆる環境重視の傾向が強いと思われる。

その中で昭和の年代に東古松地区の商業用地（容積率400％）を有効に働かせたマンションが建設されたのも特徴的である。後載の地区別区分一覧表の④で表示される道路沿いに数多くのマンションが建設された。

また、③で表示される南西エリアは、岡山市の中で一番整備された幅の広い道路が東西南北に通り、この道路面からくる環境のよさで、最近かなりの中型のマンションが建設されるようなった。

2000年を過ぎる頃から、中心地（商業用地、容積率400％～600％）の地価下

図表1-18 立地別、年代別マンション建設一覧表

		合計	1	2	3	4	5	6	7	8	9	10
	全体	306	45	40	45	30	21	38	5	32	28	22
完成年次別	昭和45年～	19	3	2	0	2	0	3	3	3	2	1
	～昭和54年	11	2	2	1	0	1	1	1	1	2	0
	～昭和59年	24	6	4	1	2	0	6	0	5	0	0
	～平成元年	33	8	5	3	9	2	2	0	3	1	0
	～平成6年	65	8	11	8	8	7	6	0	5	8	4
	～平成11年	94	9	8	20	6	7	11	1	8	9	15
	～平成15年	60	9	8	12	3	4	9	0	7	6	2
戸数規模別	20戸以下	39	8	5	5	2	0	9	1	6	3	0
	21～30戸	49	5	8	6	11	3	6	1	6	2	1
	31～50戸	105	15	13	17	8	7	11	1	14	10	9
	51～75戸	72	10	6	12	7	10	8	1	3	8	7
	76～100戸	22	4	4	2	2	1	2	0	2	2	3
	101～150戸	13	3	2	3	0	0	1	0	0	2	2
	151～200戸	4	0	2	0	0	0	0	1	0	1	0
	201戸以上	1	0	0	0	0	0	1	1	0	0	0

落とともに容積率の有効さを受けて、都心回帰がはじまってきた。また、都心部開発に新しく再開発の手法がとられ、表示の①の場所が脚光を浴びはじめ、買い物、交通、都心の生活が消費者に新しいマンション生活を促すようになってきた。まさしく都心回帰が促進されることとなった。

≪地区別区分一覧表（町名別）≫

① 中央（北エリア）

奉還町、寿町、駅元町、昭和町、岩田町、（岡山駅北、主として商業地域）

駅前町、富田町、野田屋町、弓之町、蕃山町、天神町、出石町、（岡山駅南、商業地域）

本町、錦町、平和町（駅前、中心地、商業地域）

中山下、丸の内、内山下、田町、中央町、柳町（ビジネス中心部、商業地域）

下石井、桑田町、東島田、中島田町（市役所通り、商業地域）

② 中央（南エリア）

厚生町、東古松、大供表町、大供、鹿田町、春日町、京町、大学町、南中央町、天瀬、天瀬南町、清輝本町、岡町、京橋町（主として商業地域）

③ 南西エリア

西島田町、新屋敷町、野田、西古松、大元、大元上町、上中野、下中野、今、辰巳、中仙道、西長瀬、田中、平田（住居系の地域）

④ 岡南エリア

岡南町、奥田本町、奥田、奥田南町、奥田西町、大元駅前、東古松、富田、神田町、十日市、浜野、豊浜町、新福、豊成、青江、新保（東古松、大元駅前等は商業地域）

⑤ 南エリア

州崎、平福、福島、福吉町、若葉町、あけぼの町、築港地区、浦安地区、福富、泉田、福富、当新田、万倍、東畦（住居系の地域であり、郊外型マンション）

⑥ 北エリア

番町、南方、広瀬町、兵団、中井町、大和町、北方、三野、津島地区、津高、伊島町、京山、伊福町、いずみ町、学南町、清心町、絵図町、国体町（住居系の地域、学区良好）

⑦　北西エリア

富町、下伊福、西崎本町、万成、矢坂、大安寺、北長瀬、島田本町、高柳（住居系の地域）

⑧　旭東エリア

浜、国富、住吉町、森下町、古京町、小橋町、中納言町、門田屋敷、門田文化町、東山、桜橋、平井（完全な住居系、中心部に近く古きよき町）

⑨　北東エリア

西川原、東川原、原尾島、穢、藤原光町、赤田、高屋、乙多見、長岡、兼基、（郊外型マンション地域）

⑩　その他の地区

(3) 岡山のマンション規模別動向と特徴

　規模から見た岡山のマンションの特徴は、延べ床面積1万m^{2}以上は6棟のみであり、その比率は2.0％にしか過ぎない。平均延べ床面積は約3,600m^{2}規模である。供給戸数で述べたように、平均供給戸数50戸であるため、小規模のマンションであることには間違いない。

　完成年次別に見ると、昭和59年から平成5年までの延べ床面積の平均が3,000m^{2}を割り込み2,900m^{2}台になっている。この時期はマンション需要が低迷した時期でもある。平成11年から14年にかけてマンション建設の戸数も多くなり、延べ床面積も大きなマンションが供給された。1万m^{2}を超えるマンションがこの時期に3棟建設され、これは岡山において供給された大きな床面積を持つマンションの半分に当たる。

　敷地面積から見ても、当然小規模であり、平均敷地面積は1,670m^{2}となっている。最大規模の敷地面積は6,700m^{2}でしかない。平均敷地面積1,670m^2、平均述べ床面積3,600m^{2}ということは、容積率が215％であり、立地の特徴である商業用地以外の居住系にて数多く建設されていることが立証されている。そして、そ

図表1-19　延べ床面積
単位：棟、%

		合計	1000m²以下	～2000m²	～3000m²	～4000m²	～5000m²	～6000m²	～7000m²	～8000m²	～9000m²	～10000m²	10000m²超	平均(m²)
全体		294 100.0	12 4.1	64 21.8	62 21.1	59 20.1	44 15.0	24 8.2	8 2.7	6 2.0	7 2.4	2 0.6	6 2.0	3,596.48
完成年次別	昭和45年～49年	18 100.0	4 22.1	2 11.1	2 11.1	2 11.1	2 11.1	3 16.7	1 5.6	0 0.0	1 5.6	1 5.6	0 0.0	3,767.20
	～昭和54年	10 100.0	3 30.0	2 20.0	3 30.0	0 0.0	0 0.0	1 10.0	0 0.0	0 0.0	0 0.0	0 0.0	1 10.0	3,068.40
	～昭和59年	20 100.0	0 0.0	7 35.0	4 20.0	5 25.0	3 15.0	0 0.0	1 5.0	0 0.0	0 0.0	0 0.0	0 0.0	2,958.00
	～平成元年	31 100.0	2 6.5	14 45.2	7 22.6	2 6.5	2 6.5	2 6.5	1 3.1	1 3.1	0 0.0	0 0.0	0 0.0	2,709.70
	～平成6年	63 100.0	1 1.6	16 25.4	10 15.9	13 20.6	9 14.3	8 12.6	1 1.6	2 3.2	2 3.2	0 0.0	1 1.6	3,599.20
	～平成11年	93 100.0	0 0.0	19 20.4	23 24.7	19 20.4	18 19.4	5 5.4	2 2.2	1 1.1	3 3.2	0 0.0	3 3.2	3,823.20
	～平成15年	59 100.0	2 3.4	4 6.8	13 22.0	18 30.5	10 16.9	5 8.5	2 3.4	2 3.4	1 1.7	1 1.7	1 1.7	3,955.90
戸数規模別	20戸以下	36 100.0	9 25.0	27 75.0	0 0.0	0 0.0	0 0.0	0 0.0	0 0.0	0 0.0	0 0.0	0 0.0	0 0.0	1,176.20
	21～30戸	45 100.0	1 2.2	23 51.1	21 46.7	0 0.0	0 0.0	0 0.0	0 0.0	0 0.0	0 0.0	0 0.0	0 0.0	2,015.40
	31～50戸	104 100.0	2 1.9	12 11.5	37 35.6	47 45.2	6 5.8	0 0.0	0 0.0	0 0.0	0 0.0	0 0.0	0 0.0	2,937.90
	51～75戸	70 100.0	0 0.0	2 2.9	3 4.3	12 17.1	36 51.4	15 21.4	2 2.9	0 0.0	0 0.0	0 0.0	0 0.0	4,446.40
	76～100戸	21 100.0	0 0.0	0 0.0	1 4.8	0 0.0	2 9.5	8 38.1	5 23.8	3 14.3	2 9.5	0 0.0	0 0.0	6,108.00
	101～150戸	13 100.0	0 0.0	0 0.0	0 0.0	0 0.0	1 7.7	1 7.7	2 15.3	5 38.5	1 7.7	3 23.1		8,752.80
	151～200戸	4 100.0	0 0.0	0 0.0	0 0.0	0 0.0	0 0.0	0 0.0	1 25.0	0 0.0	1 25.0	2 50.0		10,183.70
	201戸以上	1 100.0	0 0.0	0 0.0	0 0.0	0 0.0	0 0.0	0 0.0	0 0.0	0 0.0	0 0.0	0 0.0	1 100.0	24,744.30

　の敷地面積の平均戸数は100戸から150戸の範囲でもある。

　これまでのマンション建設の立地と規模は、学区のよい立地が好まれたので、必然的に商業系の立地よりも、住居系の立地に建設されてきた。

　また、そうなれば、規模的にも大型マンションでなく、中規模から小規模マンションであった。

　そのほかには、やはり岡山における大規模マンションが建設されても、その販売は需要が少なく、マンション市場が少なかったのが原因の1つである。

　大体、岡山における住宅需要の規模的一団の面積規模は、戸建て住宅団地（一団）の適正規模は100区画から150区画くらいが販売をスムースに進める限界点であり、分譲マンションでは70室から100室までが適正であると、筆者が常に主張していたことが裏付けられる。

　需要と供給の合致する適正規模は岡山においては、この程度である。しかしマンションについては管理面が大きく影響し、この規模が管理面で適正かどう

図表1-20　敷地面積

単位：棟

		合計	500m²以下	～1000m²	～1500m²	～2000m²	～2500m²	～3000m²	～4000m²	～5000m²	5000m²超	平均(m²)
全体		300	32	60	58	67	27	29	14	7	6	1,663.94
完成年次別	昭和45年～	19	5	5	3	1	0	1	2	3	0	1,687.00
	～昭和54年	11	4	3	0	3	0	0	0	0	1	1,450.60
	～昭和59年	22	4	6	6	4	1	0	1	0	0	1,173.10
	～平成元年	31	8	6	8	4	1	2	1	1	0	1,258.40
	～平成6年	64	9	7	11	17	7	9	3	1	0	1,691.40
	～平成11年	93	1	21	23	18	13	10	3	2	2	1,735.80
	～平成15年	60	1	12	7	21	5	7	4	0	3	1,944.60
戸数規模別	20戸以下	37	14	21	2	0	0	0	0	0	0	621.80
	21～30戸	47	6	14	22	5	0	0	0	0	0	1,025.30
	31～50戸	105	9	17	25	40	5	6	2	0	1	1,482.30
	51～75戸	71	2	6	7	18	16	15	6	1	0	2,064.10
	76～100戸	21	0	1	2	4	4	3	3	3	1	2,752.70
	101～150戸	13	0	1	0	0	1	4	3	2	2	3,410.00
	151～200戸	4	0	0	0	1	0	1	0	1	1	4,176.60
	201戸以上	1	0	0	0	0	0	0	0	0	1	6,647.30

かは判断できないところである。

(4) 岡山のマンション専有面積の動向と特徴

　年次別に見ると、初期の頃は60m²の小規模2DK、2LDKであった。次第にその面積も拡大され、平成15年の平均専有面積は81.7m²（27坪）と広いマンションが主流になってきた（図表1-21）。

(5) 岡山の新築マンション価格の動向と特徴

　年次別に見ると、初期は規模も小さく1,000万円を割る価格であった。しかし、景気の上昇、専有面積の拡大とともに、その価格はうなぎのぼりで上昇した。平成6年に平均価格は3,000万円近くに上昇した（図表1-22）。

図表1-21　専有面積
単位：棟、％

		合計	50m²以下	～60m²	～70m²	～80m²	～90m²	～100m²	100m²超	平均(m²)
	全体	294 100.0	22 7.5	16 5.4	54 18.4	128 43.6	62 21.1	6 2.0	6 2.0	72.58
完成年次別	昭和45～49年	18 100.0	5 27.7	5 27.7	3 16.7	2 11.2	3 16.7	0 0.0	0 0.0	60.30
	～昭和54年	10 100.0	3 30.0	5 50.0	0 0.0	1 10.0	1 10.0	0 0.0	0 0.0	55.80
	～昭和59年	20 100.0	1 5.0	0 0.0	3 15.0	10 50.0	4 20.0	1 5.0	1 5.0	74.80
	～平成元年	31 100.0	4 12.9	2 6.5	8 25.7	12 38.7	2 6.5	2 6.5	1 3.2	69.40
	～平成6年	63 100.0	9 14.3	1 1.6	24 38.1	23 36.5	6 9.5	0 0.0	0 0.0	66.40
	～平成11年	93 100.0	0 0.0	3 3.2	16 17.2	49 52.7	23 24.7	1 1.1	1 1.1	75.70
	～平成15年	59 100.0	0 0.0	0 0.0	0 0.0	31 52.5	23 39.0	2 3.4	3 5.1	81.70
戸数規模別	20戸以下	36 100.0	1 2.8	3 8.3	5 13.9	14 38.8	10 27.8	1 2.8	2 5.6	76.50
	21～30戸	45 100.0	1 2.2	1 2.2	8 17.8	21 46.7	8 17.8	4 8.9	2 4.4	77.60
	31～50戸	104 100.0	12 11.5	7 6.7	17 16.3	46 44.3	19 18.3	1 1.0	2 1.9	70.20
	51～75戸	70 100.0	5 7.1	2 2.9	13 18.6	32 45.7	18 25.7	0 0.0	0 0.0	72.40
	76～100戸	21 100.0	1 4.8	1 4.8	7 33.3	7 33.3	5 23.8	0 0.0	0 0.0	70.70
	101～150戸	13 100.0	1 7.7	1 7.7	3 23.1	6 46.1	2 15.4	0 0.0	0 0.0	70.90
	151～200戸	4 100.0	1 25.0	1 25.0	1 25.0	1 25.0	0 0.0	0 0.0	0 0.0	60.10
	201戸以上	1 100.0	0 0.0	0 0.0	0 0.0	1 100	0 0.0	0 0.0	0 0.0	75.40

(6) 竣工後経過年数別動向

　平成15年末の竣工後経過年数別のストックの量を見ると次表のとおりであり、竣工後6年～10年のストックが4,695戸と最も多く、次いで竣工後1年～5年が3,943戸、竣工後11年～15年が3,462戸、それから年数経過とともにそのストックの量は少なくなっている。30年以上経過した分譲マンションは594戸となっている。

　当然のことながら、今後竣工後経過年数の高いストックの割合の増加が予測される（図表1-23）。

図表1-22　規模と販売価格の平均金額

単位：棟

		合計	1000m²以下	～1500m²	～2000m²	～2500m²	～3000m²	～3500m²	～4000m²	～5000m²	5000m²超	平均(万円)
全体		293	19	12	36	71	78	51	17	5	5	2,521
完成年次別	昭和45年～	18	10	6	2	0	0	0	0	0	0	983
	～昭和54年	10	8	0	1	1	0	0	0	0	0	1,033
	～昭和59年	20	0	4	10	5	0	1	0	0	0	1,859
	～平成元年	31	1	2	14	11	0	0	1	1	1	2,187
	～平成6年	62	0	0	5	13	20	11	10	1	2	2,923
	～平成11年	93	0	0	4	25	35	24	3	1	1	2,772
	～平成15年	59	0	0	0	16	23	15	3	2	0	2,822
戸数規模別	20戸以下	35	4	1	4	6	1	10	8	0	1	2,769
	21～30戸	45	2	2	6	8	11	12	1	2	1	2,646
	31～50戸	104	6	4	13	28	32	15	4	2	0	2,454
	51～75戸	70	3	3	8	22	20	8	4	0	2	2,504
	76～100戸	21	2	2	2	3	7	5	0	0	0	2,354
	101～150戸	13	1	0	2	2	7	1	0	0	0	2,404
	151～200戸	4	1	0	1	2	0	0	0	0	0	1,773
	201戸以上	1	0	0	0	0	0	0	0	1	0	4,300

図表1-23　竣工後経過年数別戸数一覧表

単位：戸

経過年数（年）	1～5	6～10	11～15	16～20	21～25	26～30	30以上	合計
昭和56年	638	1,329	31	－	－	－	－	1,998
57年	731	1,412	63	－	－	－	－	2,206
58年	953	900	594	－	－	－	－	2,447
59年	1,015	497	1,133	－	－	－	－	2,645
60年	1,075	552	1,147	－	－	－	－	2,774
61年	970	638	1,329	31	－	－	－	2,968
62年	955	731	1,412	63	－	－	－	3,161
63年	1,099	953	900	594	－	－	－	3,546
平成　元年	1,386	1,015	497	1,133	－	－	－	4,031
2年	2,409	1,075	552	1,147	－	－	－	5,183
3年	3,036	970	638	1,329	31	－	－	6,004
4年	3,642	955	731	1,412	63	－	－	6,803
5年	3,462	1,099	953	900	594	－	－	7,008
6年	3,488	1,386	1,015	497	1,133	－	－	7,519

7年	3,630	2,409	1,075	552	1,147	-	-	8,813
8年	4,159	3,036	970	638	1,329	31	-	10,163
9年	3,871	3,642	955	731	1,412	63	-	10,674
10年	4,695	3,462	1,099	953	900	594	-	11,703
11年	4,750	3,488	1,386	1,015	497	1,133	-	12,269
12年	4,349	3,630	2,409	1,075	552	1,147	-	13,162
13年	3,397	4,159	3,036	970	638	1,329	31	13,560
14年	3,698	3,871	3,642	955	731	1,412	63	14,372
15年	3,494	4,695	3,462	1,099	953	900	594	15,197

第5節　岡山のマンションストックの平均像と動向

　平成7年〜11年にかけて供給棟数は100棟に近い94棟、戸数は約5,000戸に近い供給があった。1棟当たりの平均戸数は大体50戸であり、これは岡山のマンションの大きな特徴である。

　敷地面積1,800m^2、建築延べ面積3,800m^{2}という規模の容積率の平均は211％であり、商業地域でなく住居系でのマンション建設も大きな特徴である。

　専有面積は年ごとに大きく広い面積になりつつあるが、価格面との釣り合いがあり、増加傾向とは言い難い。

　マンションの総額も平成2年〜6年、いわゆるバブル期に大きくアップしたが、デフレ時期を迎え、総額を抑制する傾向になりつつある。

図表1-24　岡山のマンションストック平均像

	S45〜49	〜S54	〜S59	〜H1	〜H6	〜H11	〜H15
供給数(棟)	19	11	24	33	65	94	60
1棟当たりの供給戸数(戸)	1,133	497	1,015	1,386	3,488	4,750	2,928
1棟当たりの平均戸数(戸)	59.6	※49.7	42.3	42.0	53.7	50.5	48.8
平均敷地面積(m^2)	1,687.0	1,450.6	1,173.1	1,258.4	1,691.4	1,735.8	1,944.6
平均延床面積(m^2)	3,767.2	3,068.4	2,958.0	2,709.7	3,599.2	3,823.2	3,955.9
平均専有面積(m^2)	60.3	55.8	74.8	69.4	66.4	75.7	81.7
平均金額(万円)	983	1,033	1,859	2,187	2,923	2,772	2,822

※1棟戸数が不明のため10棟分で計算

第2章 岡山の中古マンションの流通に関する分析

第1節　中古マンション流通の現状

　全国的に中古マンションの流通量は推定されているが、岡山における中古マンションの流通量は果たしてどれくらいあるのだろうか。何らの資料もなく、推定すらできない状態である。

　新規のマンション供給量を定期的に報道する民間機関〈岡山では代表的に(株)山陽PR〉のそれはフローの情報提供に大きな寄与がなされているが、しかしストックについての情報はほとんど皆無に近い状態にある。

　第1章で岡山の住宅事情を述べたが、共同住宅として一括され区分所有法による特徴を持つ分譲マンションについては区分されず、その実態は不明である。

　全国的マンションの量的存在を住宅統計調査データから推測するシステムにより統計数字として存在しているといわれているが、直接的にマンションストックを示す政府データは存在しないといわれている。当然岡山県、岡山市においては、何らの資料も集積されていないのが現実である。

　ここで、あえて公的に準ずる資料として、指定流通機構に登録された資料、即ち宅地建物取引業法に基づく、専任、専属専任の媒介契約を取り交わした物件の流通量を測定してみると図表2-1のようになる。

　このように、中古マンションの流通量に関する資料は、岡山では現在、この

fig表2-1　岡山県内、中古マンションの指定流通機構に登録された件数一覧表

年度別	登録件数	成約件数	成約の割合(%)
平成9年度	180	11	6.1
平成10年度	258	9	3.6
平成11年度	212	10	4.7
平成12年度	255	2	0.1
平成13年度	276	12	4.3
平成14年度	224	7	3.1

ような資料が存在するのみである。

　しかし、確実にいえることは新築マンションの建設が続けられている。このことは中古マンションが確実に増加し続け、ストックが増え続けていることである。マンションは供給が少なくとも、確実にストックは増加する仕組みになっている。建設されたマンションは消滅するか、建て替えが行われない限り、増加する。岡山では消滅するマンションは見当たらないし、建て替えも見当たらない。必ずストックは増加するのである。これは、一戸建てと大きく異なるところである。

　中古マンションについては、中古マンションが売り出され、それがどのような価格で買い主に渡ったのか、成約価格も公表されない。その量的変化、価格の変動についても、当然のことながら統計資料も存在しないのが現状である。それでいながら、新聞・チラシでは毎日のごとく広告に、中古マンション価格が市場を走り回っている。果たしてこの価格は現状の中古マンションを正確に表現しているのかいささか疑問である。

　売買価格は取引価格であり、これが真実の価格である。このことからするとこの取引価格が確実に把握、理解できずに、不透明なまま、価格が市場を走り回っているというのが現状である。

　首都圏、大都市圏において登記簿閲覧による所有権移転のデータの集積がなされ、これを母集団として最小二乗法等の手法により流通量の調査がなされている。

　本書では、年度ごとの中古マンション売買の成約情報を仲介業者より直に収集し（個人情報保護法に違反しないよう）、これを集計した。当然ながら、プラ

イバシー問題、個人情報問題のため、その階層、部屋番号、契約日等は削除したものを一覧にした。

第2節　中古マンション売買成約一覧表（集計表）

　図表2-2は、多くの仲介業者より賛同を得、提供された情報を年度ごとに集計したものである。2000年からその件数が30件を超え、2002年、2003年には70件台の中古マンションの成約件数を見た。これからが、やっと市場らしくなるであろうと予見される。

　売買成約一覧表については、2001年までの成約数が20件台しか収集されていない。このことは当然ながら、公表する予定はなく、過去の資料は倉庫の奥深く、もしくは、廃棄処分されているためであり、致し方のないことである。

　また、中古マンションの仲介業務そのものを、あまり多くの業者が行っていなかったこともその原因の1つである。即ち中古マンション市場として、その存在感すらなかったというべきなのかもしれない。

　第1章第2節で紹介したように、岡山のマンション市場が市場らしくなったのが、1985年からのことであり、この一覧表に10件以上の資料が集積されたのも、1985年からのことである。1988年には31件の資料が収集された。

　成約件数の中でいえることは、中古マンションの仲介業務は当然ながら、区分所有法の知識が顕在化されている業者でなければ、業務の推進がスムーズには進まないという点がある。

　ただ宅地建物取引業者が、すべて区分所有法を顕在化できるほどの知識があるとは限らないこともあげられる。即ち、今までは、中古マンションの仲介業務を行う業者は限られた、慣れた業者が扱うことが多かったといえる。

　今後は、多くの業者が参入するようになり、競争も始まってくると思われる。その場合こそ、分譲マンションの特質、特徴を理解した不動産業者であること、かつ管理上の問題点をよく理解した上でマンション評価が適正に行われることが必要となってくる。

図表2-2 中古マンション売買事例（集計表）　　単位：千円

年度	件数	平均面積(m^2)	平均面積(坪)	契約金額	坪単価
1978	2	78.49	23.74	13,350	563
1979	0	0	0	0	0
1980	1	45.52	13.76	7,500	545
1981	2	80.18	24.25	17,050	731
1982	1	57.49	17.39	10,000	575
1983	2	74.56	22.55	18,475	793
1984	2	71.82	21.72	9,800	459
1985	10	70.48	21.32	10,940	505
1986	4	73.86	22.34	11,560	531
1987	3	65.47	19.80	10,166	511
1988	31	63.91	19.33	13,967	703
1989	9	56.06	16.95	13,527	811
1990	18	64.19	19.41	21,238	1,107
1991	5	76.47	23.13	26,700	1,164
1992	17	72.41	21.90	25,590	1,121
1993	15	74.02	22.39	24,513	1,103
1994	12	72.54	21.94	22,400	1,013
1995	17	71.28	21.56	15,029	731
1996	21	62.98	19.05	15,400	795
1997	15	68.00	20.56	16,164	797
1998	18	72.07	21.80	15,700	718
1999	15	72.64	21.97	14,466	659
2000	21	71.42	21.60	15,790	731
2001	33	68.87	20.83	15,219	735
2002	72	71.17	21.52	13,642	618
2003	76	67.83	20.51	11,589	566
合計	422				
平均		68.95	20.85	15,551	743

　1990年代からのマンションの一室当たりの専有面積は拡大した。しかし上記事例の平均面積は初期の50m^{2}台を含むので68.96m^{2}である。また、価格については1994年をピークに下落の一途をたどり、2003年には1,100万円台に低下し、

坪単価も1994年の100万円台から半値に近い56万円台に低下した。

　26年間の平均はその一室の専有面積は、68.95m^2（20.86坪）、取引金額は1,555万1,000円であり、坪単価74万3,000円である。

　こうした価格情報は今まで公開されず、これが不動産業の不透明さを表していたともいえるものである。国土交通省も来年度（平成17年度）重点施策として、「不動産取引価格情報公開制度」を導入しようとしている。こうした最中、地方都市岡山で、すべての業者ではないが多くの業者が情報取引公開制度の先駆けとして、こうした情報を提供できることは、真に最新の情報提供機関となるものと思われる。

第2章　岡山の中古マンションの流通に関する分析　39

図表2-3　中古マンション成約一覧表

2004.12.1作成

NO.		所在地番	マンション名	m²	坪	契約年月	契約金額（円）	m²単価（円）	坪単価（円）
1	岡山	津島西坂1丁目226-1	両備ハイコーポ	75	23	1978年4月	13,200,000	176,000	580,000
2	岡山	津島西坂1丁目226-1	両備ハイコーポ	82	25	1978年5月	13,500,000	165,000	546,000
3	岡山	弓之町2-107	弓之町マンション	46	14	1980年7月	7,500,000	165,000	545,000
4	岡山	津島福居1丁目1816	シャトレハイツ津島	50	15	1981年2月	12,100,000	243,000	804,000
5	岡山	津島西坂1丁目226-1	両備ハイコーポ	111	33	1981年12月	22,000,000	199,000	658,000
6	岡山	中納言町6-30	サンポー旭川マンション	57	17	1982年4月	10,000,000	174,000	575,000
7	岡山	弓之町5-111	番山パークマンション	82	25	1983年3月	25,950,000	316,000	1,044,000
8	岡山	国富1丁目84-4	メゾン操山	67	20	1983年10月	11,000,000	164,000	543,000
9	岡山	高屋72-1	旭川ハイツ	78	24	1984年2月	8,600,000	110,000	365,000
10	岡山	国富88-4	メゾン操山	66	20	1984年9月	11,000,000	168,000	554,000
11	岡山	津島福居1丁目1816-2	シャトレハイツ津島	66	20	1985年1月	11,000,000	167,000	552,000
12	岡山	東古松4丁目302-2	ホークメゾンおかやま	56	17	1985年1月	8,500,000	152,000	502,000
13	岡山	高屋72-1	旭川ハイツ	69	21	1985年3月	8,600,000	124,000	411,000
14	岡山	浜3丁目584-1	プレジデント後楽園	78	24	1985年3月	15,000,000	192,000	635,000
15	岡山	北方2丁目1188-1	北方マンション	81	25	1985年4月	16,500,000	203,000	672,000
16	岡山	津島西坂1丁目226-1	両備ハイコーポ	82	25	1985年4月	16,000,000	196,000	647,000
17	岡山	高屋72-1	旭川ハイツ	65	20	1985年8月	8,800,000	136,000	449,000
18	岡山	津島福居1丁目1816-2	シャトレハイツ津島	66	20	1985年10月	11,000,000	167,000	552,000
19	岡山	浜3丁目584-1	プレジデント後楽園	83	25	1985年12月	9,000,000	108,000	357,000
20	岡山	西島田町31-1	西島田マンション	59	18	1985年12月	5,000,000	85,000	282,000

21	岡山	津島西坂1丁目226-1	両備ハイコーポ	75	23	1986年3月	16,000,000	213,000	704,000
22	岡山	高屋72-1	旭川ハイツ	78	24	1986年4月	8,500,000	109,000	360,000
23	岡山	高屋72-1	旭川ハイツ	78	24	1986年9月	8,800,000	113,000	373,000
24	岡山	津島福居1丁目1816-2	シャトレハイツ津島	50	15	1986年11月	10,500,000	211,000	698,000
25	岡山	浜3丁目584-1	プレシデント後楽園	88	27	1986年12月	14,000,000	158,000	524,000
26	岡山	桑田町30	シティマンション桑田	67	20	1987年2月	14,800,000	221,000	732,000
27	岡山	高屋72-1	旭川ハイツ	65	20	1987年3月	7,800,000	120,000	398,000
28	岡山	高屋72-1	旭川ハイツ	65	20	1987年3月	7,900,000	122,000	403,000
29	岡山	厚生町2丁目3-1	厚生町マンション	67	20	1988年1月	15,500,000	233,000	769,000
30	岡山	門田屋敷1丁目195-1	サーパス門田屋敷	87	26	1988年2月	27,800,000	318,000	1,052,000
31	岡山	桑田町30	シティマンション桑田	78	24	1988年2月	18,800,000	240,000	795,000
32	岡山	弓之町5-11	パークマンション	67	20	1988年2月	22,000,000	327,000	1,082,000
33	岡山	国富1丁目88-4	メゾン操山	66	20	1988年3月	13,000,000	198,000	655,000
34	岡山	泉田三の坪1-7	エバーグリイン泉田	53	16	1988年3月	8,700,000	163,000	538,000
35	岡山	中綿言141	サンポー旭川マンション	45	14	1988年3月	8,500,000	188,000	622,000
36	岡山	桑田町26-2	ファミール桑田町	78	24	1988年4月	22,000,000	282,000	932,000
37	岡山	桑田町3-1	桑田町パークマンション	77	23	1988年4月	21,500,000	281,000	929,000
38	岡山	南方5丁目1497-4	コープ野村運動公園	70	21	1988年5月	17,500,000	249,000	825,000
39	岡山	西古松2丁目13-25	コープ野村西古松	73	22	1988年5月	19,000,000	261,000	864,000
40	岡山	浜3丁目584-1	プレシデント後楽園	81	24	1988年5月	10,500,000	130,000	430,000
41	岡山	内山下1丁目3-113	内山下コータス	39	12	1988年6月	6,800,000	176,000	583,000
42	岡山	桑田町3-1	桑田町パークマンション	63	19	1988年6月	16,500,000	261,000	863,000

第2章　岡山の中古マンションの流通に関する分析　41

43	岡山	弓之町2-107	弓之町ビル	46	14	1988年6月	7,300,000	160,000	531,000
44	岡山	中納言町141	サンポー旭川マンション	57	17	1988年7月	8,800,000	153,000	506,000
45	岡山	津島西坂1丁目226-1	両備ハイコーポ	75	23	1988年7月	16,800,000	223,000	739,000
46	岡山	奥田町1丁目505	エバーグリーン奥田	59	18	1988年8月	13,000,000	222,000	733,000
47	岡山	桑田町30	シティマンション桑田町	65	20	1988年8月	15,000,000	229,000	757,000
48	岡山	中納言町48-4	ハイホーム中納言	68	20	1988年8月	11,500,000	170,000	563,000
49	岡山	国富4丁目706	シティマンション国富	67	20	1988年8月	12,900,000	191,000	632,000
50	岡山	厚生町2丁目35-1	サンハイ厚生町	78	24	1988年8月	20,500,000	263,000	868,000
51	岡山	桑田町30	シティマンション桑田	67	20	1988年9月	15,000,000	223,000	737,000
52	岡山	高屋72-1	旭川ハイツ	65	20	1988年9月	8,000,000	123,000	408,000
53	岡山	浜3丁目372-1	ファミール岡山	75	23	1988年9月	13,000,000	173,000	573,000
54	岡山	門田屋敷1丁目59-1	門田屋敷マンション	70	21	1988年9月	18,300,000	263,000	870,000
55	岡山	春日町6-105	角南春日ワコートレス	36	11	1988年9月	6,400,000	177,000	584,000
56	岡山	東古松4丁目302-2	ホークメゾンおかやま	34	10	1988年10月	6,000,000	175,000	579,000
57	岡山	田町1丁目1-1	チサンマンションおかやま	60	18	1988年10月	9,000,000	151,000	499,000
58	岡山	西古松西町2丁目13	コーア野村西古松	70	21	1988年11月	16,900,000	243,000	804,000
59	岡山	弓之町2番107	弓之町ビル	46	14	1988年12月	6,500,000	143,000	472,000
60	岡山	東古松4丁目302-2	ホークメゾンおかやま	56	17	1989年6月	12,000,000	214,000	709,000
61	岡山	津島西坂1丁目226-1	両備ハイコーポ	75	23	1989年6月	16,800,000	223,000	739,000
62	岡山	厚生町2丁目31-1	サンハイ厚生町	62	19	1989年9月	17,800,000	289,000	955,000
63	岡山	田町1丁目1-1	チサンマンションおかやま	60	18	1989年9月	9,000,000	151,000	499,000
64	岡山	内山下1丁目8-122	エバーグリーン内山下	32	10	1989年9月	9,300,000	288,000	952,000

65	岡山	国富1丁目1－15	メゾン操山	66	20	1989年10月	14,000,000	213,000	705,000
66	岡山	門田屋敷1丁目59－1	門田屋敷マンション	70	21	1989年10月	19,850,000	285,000	944,000
67	岡山	津島東2丁目2614	津島サンコーポ	47	14	1989年12月	12,500,000	269,000	888,000
68	岡山	東古松4丁目302－2	ホークメゾンおかやま	38	12	1989年12月	10,500,000	275,000	911,000
69	岡山	泉田三の坪1－7	エバーグリーン泉田	64	19	1990年12月	10,800,000	169,000	560,000
70	岡山	伊島町2丁目1284－2	センチュリー伊島	22	7	1990年1月	6,500,000	299,000	989,000
71	岡山	中納言141	サンポー旭川マンション	62	19	1990年3月	10,500,000	171,000	565,000
72	岡山	厚生町2丁目3－1	厚生町マンション	61	18	1990年3月	18,500,000	306,000	1,011,000
73	岡山	清輝橋1丁目3－101	センチュリー清輝	18	5	1990年4月	7,300,000	411,000	1,362,000
74	岡山	東古松3丁目350－1	両備グレースマンション医大西	55	17	1990年4月	23,000,000	415,000	1,374,000
75	岡山	東古松3丁目350－1	両備グレースマンション医大西	58	18	1990年4月	27,100,000	468,000	1,549,000
76	岡山	北方2丁目1188－1	北方マンション	76	23	1990年4月	27,500,000	360,000	1,190,000
77	岡山	浜3丁目584－1	プレジデント後楽園	83	25	1990年5月	18,500,000	222,000	733,000
78	岡山	岩田町3－106	シティマンション岩田町	67	20	1990年5月	23,000,000	341,000	1,129,000
79	岡山	桑田町30	シティマンション桑田	64	19	1990年5月	23,000,000	357,000	1,180,000
80	岡山	奥田1丁目505－1	エバーグリーン奥田	59	18	1990年5月	18,000,000	307,000	1,015,000
81	岡山	浜3丁目584－1	プレジデント後楽園	83	25	1990年6月	17,800,000	213,000	705,000
82	岡山	浜3丁目584－1	プレジデント後楽園	83	25	1990年6月	18,500,000	222,000	733,000
83	岡山	東古松3丁目350－1	両備グレースマンション医大西	95	29	1990年7月	47,500,000	502,000	1,660,000
84	岡山	大元駅前169－5	グリンピア大元駅前	71	21	1990年7月	31,000,000	437,000	1,444,000
85	岡山	西之町7－6	ファミール大供西	82	25	1990年9月	30,000,000	365,000	1,207,000
86	岡山	東古松3丁目350－1	両備グレースマンション医大西	52	16	1990年10月	23,800,000	460,000	1,521,000

87	岡山	西之町7-6	ファミール大供西	87	26	1991年2月	38,000,000	436,000	1,440,000
88	岡山	浜3丁目584-1	プレシデント後楽園	83	25	1991年3月	15,000,000	180,000	594,000
89	岡山	奥田1丁目508-1	アパンテ岡山壱番館	63	19	1991年6月	25,000,000	399,000	1,319,000
90	岡山	津島西坂1丁目226-1	津備ハイコーポ	75	23	1991年6月	21,000,000	279,000	923,000
91	岡山	東古松3丁目350-1	両備グレースマンション医大西	74	22	1991年7月	34,500,000	468,000	1,546,000
92	岡山	厚生町3丁目75	第二厚生町マンション	79	24	1992年1月	23,000,000	291,000	961,000
93	岡山	中島田町2丁目40	藤利中島田ハイタウン	72	22	1992年2月	27,000,000	377,000	1,246,000
94	岡山	藤原西町1丁目169	サーパス藤原西町	77	23	1992年2月	29,900,000	388,000	1,283,000
95	岡山	東古松2丁目261	サーパス東古松	64	19	1992年2月	20,800,000	325,000	1,074,000
96	岡山	兼基321-2	竜操パークマンション	66	20	1992年3月	25,918,000	394,000	1,301,000
97	岡山	泉田新田後426-1	アルファーステイツ泉田	58	18	1992年3月	22,900,000	396,000	1,308,000
98	岡山	兼基321-2	竜操パークマンション	71	21	1992年3月	29,821,000	421,000	1,393,000
99	岡山	中納言6-30	サンポー旭川マンション	58	18	1992年4月	10,900,000	188,000	621,000
100	岡山	新保938-2	サーパス北新保	74	22	1992年4月	28,000,000	377,000	1,247,000
101	岡山	南方5丁目1497-4	コーフ野村運動公園	70	21	1992年4月	20,000,000	285,000	943,000
102	岡山	東古松3丁目350-1	両備グレースマンション医大西	86	26	1992年5月	41,000,000	474,000	1,568,000
103	岡山	高屋72-1	旭川ハイツ	65	20	1992年7月	12,000,000	185,000	613,000
104	岡山	豊成1丁目119	エメラルドマンション豊成	74	23	1992年9月	16,800,000	226,000	746,000
105	岡山	西之町7-6	ファミール大供西	79	24	1992年10月	25,500,000	323,000	1,067,000
106	岡山	伊島町2丁目1247	グレースマンション伊島	70	21	1992年11月	43,000,000	614,000	2,030,000
107	岡山	倉田620	ベルメゾン東光倉田	87	26	1992年11月	13,500,000	154,000	511,000
108	岡山	北方2丁目1188-1	北方マンション	80	24	1992年12月	28,000,000	350,000	1,157,000

109	岡山	厚生町3丁目75	第二厚生町マンション	68	21	1993年1月	17,000,000	249,000	823,000
110	岡山	東古松3丁目350-1	両備グレースマンション医大西	73	22	1993年3月	35,000,000	477,000	1,577,000
111	岡山	津島西坂1丁目226-1	両備ハイコーポ	75	23	1993年4月	17,500,000	233,000	770,000
112	岡山	東川原278-1	グローバル原尾島	76	23	1993年5月	24,000,000	314,000	1,038,000
113	岡山	伊島長北町73-4	シティマンション伊島	76	23	1993年6月	27,000,000	356,000	1,177,000
114	岡山	中島田町2丁目5-22	藤和ハイタウン	62	19	1993年6月	21,000,000	337,000	1,115,000
115	岡山	原尾島1丁目283-1	ダイヤモンドフォーラム原尾島	70	21	1993年7月	35,000,000	500,000	1,653,000
116	岡山	厚生町3丁目8-15	コーブ野村厚生町	86	26	1993年8月	28,000,000	327,000	1,080,000
117	岡山	桑田町3-1	桑田町パークマンション	67	20	1993年8月	24,800,000	370,000	1,222,000
118	岡山	桑田町26-2	ファミール桑田町	58	18	1993年8月	20,000,000	343,000	1,133,000
119	岡山	津島西坂1丁目226-1	両備ハイコーポ	75	23	1993年8月	19,500,000	259,000	858,000
120	岡山	清輝橋4丁目265	ライオンズマンション清輝橋	67	20	1993年10月	20,300,000	302,000	999,000
121	王野	玉2丁目2571-2	ベルメゾン東光王野	85	26	1993年11月	16,600,000	195,000	644,000
122	岡山	西之町7-6	ファニール大供西	94	28	1993年12月	27,000,000	288,000	953,000
123	岡山	兵団576-8	藤和ハイタウン兵団	76	23	1993年12月	35,000,000	458,000	1,515,000
124	岡山	西古松西町5-112	サーパス西古松1	68	21	1994年2月	23,500,000	344,000	1,137,000
125	岡山	当新田102-21	エメラルドマンション芳泉	65	20	1994年2月	18,000,000	276,000	912,000
126	岡山	東古松3丁目359-1	グレースマンション医大前	82	25	1994年3月	31,000,000	378,000	1,252,000
127	岡山	北方2丁目1188-1	北方マンション	100	30	1994年3月	32,000,000	321,000	1,061,000
128	岡山	東古松2丁目9-14	サーパス東古松	65	20	1994年3月	23,000,000	355,000	1,175,000
129	岡山	津島西坂1丁目226-1	両備ハイコーポ	75	23	1994年4月	17,000,000	226,000	748,000
130	岡山	南方5丁目1497-4	コーブ野村運動公園	78	23	1994年5月	21,000,000	270,000	894,000

第2章　岡山の中古マンションの流通に関する分析　45

131	岡山	京山1丁目1453-2	コーア野村京山	65	20	1994年5月	21,000,000	322,000	1,066,000
132	岡山	西之町7-6	ファミール大供西	75	23	1994年5月	25,000,000	333,000	1,102,000
133	岡山	桑田町11-12	シティマンション桑田	66	20	1994年9月	16,500,000	249,000	824,000
134	岡山	東古松3丁目350-1	両備グレースマンション医大西	73	22	1994年10月	27,800,000	379,000	1,252,000
135	岡山	下伊福上町338-3-3	エバグリーン下伊福	58	18	1994年12月	13,000,000	224,000	741,000
136	岡山	桑田町3-1	桑田町パークマンション	68	21	1995年1月	18,800,000	277,000	915,000
137	岡山	浜3丁目584-1	プレジデント後楽園	88	27	1995年3月	15,500,000	175,000	580,000
138	岡山	京山1丁目1453-2	コーア野村京山	61	18	1995年3月	15,800,000	260,000	861,000
139	岡山	93-1	グランコート2番館	65	20	1995年3月	22,000,000	337,000	1,114,000
140	岡山	桑田町26-2	ファミール桑田町	79	24	1995年3月	23,000,000	291,000	963,000
141	岡山	関西町1414		129	39	1995年5月	3,900,000	30,000	100,000
142	岡山	平井1181	ベルメゾン東光平井	69	21	1995年5月	10,500,000	152,000	503,000
143	岡山	東古松4丁目302-2	ホークメゾンおかやま	38	12	1995年6月	7,000,000	184,000	607,000
144	岡山	高屋72-1	旭川ハイツ	65	20	1995年6月	9,600,000	148,000	490,000
145	岡山	西古松西町5-114	サーパス西古松Ⅱ	62	19	1995年8月	16,000,000	258,000	853,000
146	岡山	桑田町30	シティマンション桑田	64	20	1995年8月	14,500,000	225,000	744,000
147	岡山	国富1丁目88-4	メゾン操山	66	20	1995年8月	14,000,000	213,000	705,000
148	岡山	西古松西町5丁目		81	24	1995年9月	21,400,000	265,000	875,000
149	岡山	福成3丁目		72	22	1995年9月	22,000,000	305,000	1,008,000
150	岡山	津島福居1丁目1816-2	シャトレハイツ津島	55	17	1995年10月	14,000,000	255,000	842,000
151	岡山	浜3丁目584-1	プレジデント後楽園	93	28	1995年11月	14,500,000	155,000	513,000
152	岡山	東古松4丁目302-2	ホークメゾンおかやま	56	17	1995年12月	13,000,000	232,000	768,000

153	岡山	桑田町3-1	桑田町パークマンション	63	19	1996年1月	18,400,000	291,000	962,000
154	岡山	浜		71	22	1996年2月	11,500,000	161,000	532,000
155	岡山	清輝橋1丁目3-101	センチュリー清輝	17	5	1996年2月	5,000,000	288,000	954,000
156	岡山	津島福居1丁目1816-2	シャトレハイツ津島	50	15	1996年2月	11,000,000	221,000	731,000
157	岡山	浜3丁目584-1	プレジデント後楽園	88	27	1996年3月	15,500,000	175,000	580,000
158	岡山	津島西坂1丁目226-1	両備ハイコーポ	75	23	1996年3月	18,000,000	239,000	792,000
159	岡山	桑田町26-2	ファミール桑田町	78	24	1996年3月	23,000,000	295,000	974,000
160	岡山	原尾島1丁目283-1	ダイヤモンドフォーラム原尾島	80	24	1996年3月	29,500,000	367,000	1,214,000
161	岡山	津島福居1丁目1816-2	シャトレハイツ津島	50	15	1996年4月	11,000,000	221,000	731,000
162	岡山	中島田町2丁目40	藤和中島田ハイタウン	64	19	1996年6月	18,000,000	279,000	924,000
163	岡山		両備グレースマンション	92	28	1996年6月	30,000,000	326,000	1,077,000
164	岡山	高屋72-1	旭川ハイツ	65	20	1996年6月	9,600,000	148,000	490,000
165	岡山	西古松西町5-112	サーパス西古松I	57	17	1996年7月	15,900,000	279,000	923,000
166	岡山	桑田町		64	19	1996年8月	12,800,000	199,000	657,000
167	岡山	厚生町3丁目75	第二厚生町マンション	67	20	1996年8月	17,000,000	255,000	843,000
168	岡山	国富1丁目88-4	メゾン栄山	66	20	1996年8月	14,000,000	213,000	705,000
169	岡山	田町1丁目1-101外	チサンマンション	25	8	1996年9月	4,000,000	160,000	528,000
170	岡山	高屋72-1	旭川ハイツ	65	20	1996年10月	9,400,000	145,000	480,000
171	岡山	津島福居1丁目1816-2	シャトレハイツ津島	55	17	1996年10月	14,000,000	255,000	842,000
172	岡山	東古松4丁目302-2	ホークメゾンおかやま	56	17	1996年11月	11,000,000	197,000	650,000
173		朝日プラザ倉敷エクセ14		73	22	1996年12月	24,800,000	339,000	1,120,000
174	岡山	東古松4丁目302-2	ホークメゾンおかやま	74	23	1997年1月	11,000,000	148,000	489,000

第2章　岡山の中古マンションの流通に関する分析　47

175	岡山	浜372-1	ファミール岡山	75	23	1997年1月	9,000,000	120,000	396,000
176	岡山	豊成1丁目121-1	ライオンズマンション豊成	76	23	1997年1月	21,800,000	288,000	952,000
177	岡山	浜3丁目584-1	プレジデント後楽園	81	24	1997年1月	11,700,000	145,000	479,000
178	岡山	東川原278-1	グローバル原尾島	87	26	1997年2月	22,000,000	253,000	835,000
179	岡山		サーパス東古松	60	18	1997年2月	15,500,000	259,000	855,000
180	岡山	兵団576-8	藤和ハイタウン兵団	61	19	1997年3月	22,000,000	359,000	1,185,000
181	岡山	京町2-106	ダイアパレス京町	21	6	1997年3月	7,265,000	349,000	1,155,000
182	岡山	東古松4丁目302-2	ホークメゾンおかやま	56	17	1997年5月	8,300,000	148,000	491,000
183	岡山	東古松2丁目261	サーパス東古松	81	25	1997年5月	20,000,000	246,000	814,000
184	岡山		グランコート皿番館	63	19	1997年5月	16,500,000	260,000	860,000
185	岡山	津島福居1丁目1816-2	シャトレハイツ津島	65	20	1997年6月	9,000,000	138,000	458,000
186	岡山	東古松1丁目22番1,23番3	両備グレースマンション医大南	77	23	1997年6月	29,000,000	378,000	1,251,000
187	岡山	原尾島1丁目283-1	ダイヤモンドフォーラム原尾島	80	24	1997年9月	29,400,000	366,000	1,210,000
188	岡山	中納言141	サンポウ旭川マンション	62	19	1997年11月	10,000,000	161,000	532,000
189	岡山	北方2丁目1188-1	北方マンション	80	24	1998年1月	19,800,000	247,000	818,000
190	岡山	東古松2丁目261	サーパス東古松	57	17	1998年2月	13,000,000	228,000	754,000
191	岡山	西古松西町5-15	サーパス西古松Ⅱ	73	22	1998年2月	16,000,000	219,000	724,000
192	岡山	南方5丁目1497-4	コーラ野村運動公園	78	23	1998年2月	16,400,000	211,000	698,000
193	岡山	奥田1丁目508	アバンテ岡山壱番館	77	23	1998年2月	16,500,000	215,000	712,000
194	岡山	西古松1丁目36-106	朝日プラザ岡山西古松	63	19	1998年4月	15,500,000	247,000	818,000
195	岡山	浜3丁目584-1	プレジデント後楽園	81	24	1998年4月	9,400,000	116,000	385,000
196	岡山	東古松2丁目224-3	両備グレースマンション医大西Ⅱ	78	24	1998年5月	22,000,000	282,000	933,000

197	岡山	神田町1丁目258-7	エメラルドマンション神田	65	20	1998年6月	10,500,000	162,000	534,000
198	岡山	高屋72-1	旭川ハイツ	65	20	1998年6月	9,500,000	147,000	485,000
199	岡山	北方2丁目989-3外	北条マンション	76	23	1998年9月	14,700,000	192,000	636,000
200	岡山	東川原宇川田273-4,273-15	リベール原尾島	73	22	1998年10月	19,800,000	271,000	897,000
201	岡山	高屋72-1	旭川ハイツ	65	20	1998年10月	9,000,000	139,000	459,000
202	岡山	東島田町2丁目10-1	ダイヤパレス東島田	69	21	1998年10月	15,500,000	225,000	743,000
203	岡山	原尾島1丁目19-23	ダイヤモンドフォーラム原尾島	75	23	1998年11月	20,000,000	268,000	887,000
204	岡山	東畦139番地10	両備グレースマンション城味駅前	77	23	1998年11月	21,000,000	271,000	897,000
205	岡山	原尾島1丁目283-1	ダイヤモンドフォーラム原尾島	70	21	1998年11月	20,000,000	285,000	943,000
206	岡山	北方1丁目1188-1	北方マンション	76	23	1998年11月	14,000,000	183,000	606,000
207	岡山	原尾島1丁目283-1	ダイヤモンドフォーラム原尾島	70	21	1999年2月	23,000,000	328,000	1,084,000
208	岡山	豊成3丁目17-129	ベルメゾン東光豊成	69	21	1999年2月	13,000,000	189,000	627,000
209	岡山	伊島北町73-4	シティマンション伊島	80	24	1999年3月	15,000,000	188,000	622,000
210	岡山	厚生町3丁目75	第二厚生町マンション	72	22	1999年4月	14,000,000	194,000	642,000
211	岡山	高屋72-1	旭川ハイツ	65	20	1999年4月	7,250,000	112,000	370,000
212	岡山	東古松3丁目341-1	エバーグリーン東古松	60	18	1999年5月	13,100,000	220,000	727,000
213	岡山	原尾島1丁目283-1	ダイヤモンドフォーラム原尾島	80	24	1999年5月	20,000,000	249,000	823,000
214	岡山	浜3丁目584-1	プレジデント後楽園	81	24	1999年6月	10,500,000	130,000	430,000
215	倉敷	昭和町1丁目	朝日プラザアゼ14	61	19	1999年7月	14,000,000	229,000	756,000
216	岡山	伊島北町73-1・73-4・73-5	シティマンション伊島	81	25	1999年7月	15,300,000	188,000	622,000
217	岡山	浜3丁目584-1	プレジデント後楽園	81	24	1999年7月	12,000,000	149,000	491,000
218	岡山	原尾島1丁目19-23	ダイヤモンドフォーラム原尾島	70	21	1999年8月	19,000,000	271,000	895,000

第2章 岡山の中古マンションの流通に関する分析　49

219	岡山	高屋７２－１	旭川ハイツ	65	20	1999年10月	7,250,000	112,000	370,000
220	岡山	西市４９３－２	アルファステイツ西市ツインズI	75	23	1999年11月	16,800,000	224,000	739,000
221	岡山	西市４９３－２	アルファステイツ西市ツインズ	80	24	1999年11月	16,800,000	210,000	693,000
222	岡山	東山１丁目１１１８－１１	アルファーガーデン東山公園	83	25	2000年2月	28,000,000	339,000	1,120,000
223	岡山	桑田町３－１	桑田町パークマンション	66	20	2000年2月	15,800,000	238,000	786,000
224	岡山	厚生町３丁目８－１５	コーフ野村パークサイド厚生町	86	26	2000年2月	14,500,000	169,000	559,000
225	岡山	豊成１丁目２－２７	サーパス豊成	69	21	2000年2月	15,000,000	217,000	716,000
226	岡山	豊成１丁目６－７	ライオンズマンション豊成	63	19	2000年2月	12,500,000	197,000	651,000
227	岡山	清輝橋４丁目４－３２	ライオンズマンション岡山南	63	19	2000年2月	8,500,000	135,000	447,000
228	岡山	国体町７５－２６	ファミールタワープラザ	62	19	2000年3月	18,000,000	289,000	957,000
229	岡山	津島西坂１丁目２２６－１	両備ハイコーポ	105	32	2000年4月	12,000,000	115,000	379,000
230	倉敷	南町３９７－２	両備グレースマンション倉敷南町	80	24	2000年5月	24,000,000	299,000	988,000
231	岡山	東畦１４５－４１	両備グレースマンション妹尾駅前 参番館	76	23	2000年5月	20,000,000	262,000	866,000
232	岡山	大和町１丁目２４８－６	リベール大和町	67	20	2000年6月	21,800,000	326,000	1,079,000
233	岡山	下メ７５－６	エクセル東岡山	70	21	2000年7月	13,500,000	192,000	635,000
234	岡山	東古松３丁目３４１－１	エバーグリーン東古松	60	18	2000年7月	14,000,000	235,000	776,000
235	岡山	原尾島１丁目２８３－１	ダイヤモンドフォーラム原尾島	70	21	2000年7月	19,000,000	271,000	895,000
236	岡山	京山１丁目１４５３－２	コーフ野村京山	64	19	2000年8月	10,000,000	155,000	514,000
237	岡山	清輝橋４丁目４－３２	ライオンズマンション岡山南	63	19	2000年10月	8,800,000	140,000	462,000
238	岡山	大元駅前１６８－５－３２	グリーンピア大元駅前	60	18	2000年10月	12,000,000	201,000	665,000
239	岡山	下メ７５－６	エクセル東岡山	71	21	2000年10月	15,000,000	212,000	701,000
240	岡山	浜３７２－１	ファミール岡山	69	21	2000年11月	8,000,000	116,000	384,000

241	岡山	津島京町2－162－1	リベール津島京町	76	23	2000年11月	28,000,000	369,000	1,220,000
242	岡山	七日市西町224－1	セザール岡南	76	23	2000年12月	13,200,000	173,000	571,000
243	倉敷	昭和町1－2－31	朝日プラザエクゼ14	62	19	2001年1月	13,000,000	209,000	691,000
244	岡山	西古松2丁目13－101	コープ野村西古松	73	22	2001年1月	9,900,000	136,000	450,000
245	岡山	浜372－1－302	ファミール岡山	75	23	2001年1月	10,000,000	133,000	440,000
246	岡山	津島西坂1丁目226－1	両備ハイコーポ	75	23	2001年2月	8,500,000	113,000	374,000
247	岡山	津島西坂1丁目226－1	両備ハイコーポ	82	25	2001年2月	8,000,000	98,000	323,000
248	岡山	三野2丁目126	リベール三野公園	67	20	2001年2月	19,500,000	290,000	960,000
249	岡山	津島福居1丁目1816－2	シャトレハイツ津島	66	20	2001年2月	11,000,000	167,000	552,000
250	岡山	天神町7－101	オリエント天神町	58	18	2001年3月	27,000,000	463,000	1,531,000
251	倉敷	昭和町1－520－2	朝日プラザ倉敷エクゼ14	61	19	2001年4月	17,300,000	282,000	933,000
252	岡山	奉還町4丁目92－8		73	22	2001年4月	20,750,000	285,000	943,000
253	岡山	北方2丁目989－3	北方マンション	76	23	2001年4月	12,500,000	164,000	541,000
254	岡山	東古松2丁目198－2	サーパス鹿田	61	18	2001年4月	15,200,000	250,000	828,000
255	岡山	門田屋敷1丁目195－2	サーパス門田屋敷	56	17	2001年4月	18,300,000	326,000	1,076,000
256	岡山	浜3丁目518－1	サーパス後楽園	58	17	2001年5月	13,300,000	231,000	765,000
257	岡山	東古松2丁目261	サーパス東古松	84	25	2001年5月	13,900,000	166,000	550,000
258	岡山	津島919－7	サーパス津高台通り一番館	74	22	2001年6月	18,900,000	255,000	843,000
259	岡山	南方5丁目1497－4	コープ野村運動公園	78	23	2001年6月	15,300,000	197,000	651,000
260	岡山	津高919－10	サーパス津高台通り二番館	88	27	2001年6月	21,500,000	245,000	810,000
261	岡山	厚生町2丁目3－1	厚生町マンション	61	18	2001年6月	8,000,000	132,000	437,000
262	岡山	大供2丁目9－106	SC大供	91	28	2001年7月	27,300,000	299,000	990,000

第2章　岡山の中古マンションの流通に関する分析　51

263	岡山	原尾島1丁目283-1	ダイヤモンドフォーラム原尾島	70	21	2001年7月	15,000,000	214,000	707,000
264	岡山	京町	ダイアパレス京町	21	6	2001年7月	4,500,000	216,000	715,000
265	岡山	京山2丁目1377-1	藤和ハイタウン京山	77	23	2001年8月	27,000,000	351,000	1,160,000
266	岡山	島田本町2-7-20	ダイアパレス東島田	69	21	2001年9月	13,800,000	200,000	661,000
267	岡山	東畦139-10	両備グレースマンション妹尾駅前	71	21	2001年9月	16,600,000	235,000	776,000
268	岡山	新保668-1	サーパス芳田	69	21	2001年9月	11,500,000	168,000	554,000
269	岡山	島田本町1丁目104-1	グランコート島田本町	72	22	2001年10月	14,800,000	206,000	682,000
270	岡山	西古松西町5-112	サーパス西古松I	68	20	2001年10月	14,800,000	219,000	723,000
271	岡山	島田本町1丁目104-1	グランコート島田本町	70	21	2001年10月	14,500,000	207,000	683,000
272	岡山	豊成2丁目9-101	サーパス豊成第2	75	23	2001年10月	19,800,000	263,000	871,000
273	岡山	原尾島1丁目283-1	ダイヤモンドフォーラム原尾島	80	24	2001年11月	19,500,000	243,000	803,000
274	岡山	津島福居1丁目1816-2	シャトレハイツ津島	50	15	2001年12月	9,500,000	191,000	631,000
275	岡山	西古松1丁目36-106	朝日プラザ岡山西古松	64	19	2001年12月	11,800,000	186,000	614,000
276	岡山	東川原165-1	ファミール百間川	69	21	2002年1月	17,000,000	245,000	810,000
277	岡山	厚生町1丁目6-1	リベール厚生町	78	24	2002年1月	22,000,000	282,000	933,000
278	倉敷	老松町2-5-6	アルファステイツ老松町	71	22	2002年1月	13,000,000	183,000	604,000
279	岡山	西古松西町5-114	サーパス西古松II	61	18	2002年1月	12,000,000	198,000	655,000
280	倉敷	老松町5-618-5	アルファステイツ老松町三番館	80	24	2002年1月	19,800,000	247,000	816,000
281	岡山	東古松2丁目261	サーパス東古松	84	25	2002年2月	14,000,000	168,000	554,000
282	岡山	清輝橋2-146	ローレルコートネスト医大前	74	22	2002年2月	14,500,000	196,000	647,000
283	岡山	浜3丁目529-2	サーパス住吉公園	73	22	2002年2月	14,000,000	192,000	636,000
284	倉敷	老松町3-4-13	朝日プラザ倉敷ミレニアム	51	15	2002年2月	9,800,000	193,000	637,000

285	岡山	東古松2-261	サーパス東古松	88	27	2002年2月	14,000,000	159,000	526,000
286	岡山	新保	スペースアップ	64	19	2002年3月	10,000,000	157,000	519,000
287	岡山	奥田	デイステージ奥田公園	87	26	2002年3月	21,800,000	251,000	828,000
288	岡山	清輝本町4丁目4-32	ライオンズマンション岡山南	60	18	2002年3月	6,000,000	101,000	333,000
289	岡山	大供1丁目6-1	クリーンピア医大前大供	73	22	2002年3月	11,000,000	151,000	501,000
290	岡山	浜2丁目280-1	サーパス後楽園第2	77	23	2002年3月	27,000,000	350,000	1,158,000
291	岡山	東古松1丁目	両備グレースマンション医大南	83	25	2002年3月	20,000,000	241,000	796,000
292	岡山	東古松2丁目198-2	サーパス鹿田	61	18	2002年3月	12,500,000	206,000	681,000
293	岡山	上中野2丁目	ライオンズマンション上中野	66	20	2002年3月	15,800,000	239,000	790,000
294	岡山	東古松2丁目233-3	サーパス東古松第2	94	29	2002年3月	28,000,000	296,000	980,000
295	岡山	津高919-10	サーパス津高台通り二番館	77	23	2002年4月	19,300,000	249,000	824,000
296	岡山	東川原	グローバル原尾島	80	24	2002年4月	12,500,000	156,000	514,000
297	岡山	中山下2丁目5-20	ライオンズマンション中山下	27	8	2002年4月	4,400,000	166,000	549,000
298	倉敷	幸町	ライオンズマンション倉敷幸町	59	18	2002年4月	10,500,000	178,000	589,000
299	岡山	豊成1丁目119	エメラルドマンション豊成	71	22	2002年4月	6,900,000	97,000	321,000
300	岡山	津高	ライオンズマンション津高	63	19	2002年4月	8,700,000	138,000	455,000
301	岡山	大供1丁目6番101	クリーンピア医大前大供	76	23	2002年5月	12,700,000	167,000	551,000
302	岡山	清輝本町4丁目4-32	ライオンズマンション岡山南	59	18	2002年5月	5,800,000	99,000	328,000
303	岡山	田町2丁目	シャンテイ田町	44	13	2002年5月	4,500,000	101,000	335,000
304	岡山	上中野2丁目	ライオンズマンション上中野	70	21	2002年5月	17,000,000	242,000	799,000
305	倉敷	昭和町1丁目	朝日プラザエクゼ14	62	19	2002年5月	14,000,000	225,000	745,000
306	岡山	東川原	リベール原尾島	68	20	2002年5月	13,000,000	192,000	636,000

第 2 章　岡山の中古マンションの流通に関する分析　53

307	岡山	兼基3 2 1 - 2	竜操パークマンション	74	22	2002年6月	5,670,000	76,000	253,000
308	岡山	東川原	ファミール百間川	69	21	2002年6月	16,000,000	232,000	767,000
309	岡山	泉田	アルファステイツ泉田	89	27	2002年6月	15,600,000	176,000	583,000
310	岡山	豊成3丁目	シティパル芳泉壱番館	85	26	2002年6月	16,500,000	195,000	646,000
311	岡山	津島西坂1丁目2 2 6 - 1	両備ハイコーポ	105	32	2002年6月	14,900,000	142,000	471,000
312	岡山	桑田町2 3 - 1	ラクニール桑田町シュペリオール	158	48	2002年6月	55,000,000	349,000	1,154,000
313	岡山	津高	ライオンズマンション津高	83	25	2002年7月	15,000,000	181,000	598,000
314	岡山	中島田町1丁目	ノーブルハイツ中島田	78	24	2002年7月	9,100,000	117,000	386,000
315	岡山	野田2丁目2 - 1 0 9	ライオンズマンション野田公園	72	22	2002年7月	12,800,000	177,000	586,000
316	岡山	大学町	大学町パークマンション	68	21	2002年7月	10,400,000	153,000	506,000
317	倉敷	幸町	ライオンズマンション倉敷幸町	59	18	2002年7月	11,500,000	195,000	645,000
318	倉敷	幸町	ライオンズマンション倉敷幸町	59	18	2002年8月	11,000,000	187,000	617,000
319	岡山	西之町7 - 6	ファミール大供西	87	26	2002年8月	16,500,000	189,000	625,000
320	岡山	藤原西町1丁目	ビュラ藤原西町	71	21	2002年9月	16,800,000	237,000	782,000
321	岡山	南方5丁目	コープ野村運動公園	81	24	2002年9月	10,500,000	130,000	431,000
322	岡山	浜3丁目5 1 8 - 1	サーパス後楽園	64	19	2002年9月	11,800,000	184,000	610,000
323	岡山	東島田町2 - 7 - 2 0	ダイアパレス東島田	72	22	2002年9月	12,800,000	178,000	588,000
324	岡山	岡町	ライオンズマンション岡山医大東	27	8	2002年9月	4,200,000	154,000	511,000
325	岡山	矢坂東町2 4 5 4	アーネスト矢坂	73	22	2002年10月	14,000,000	192,000	636,000
326	岡山	東古松1丁目	ライオンズマンション岡山医大南2	37	11	2002年10月	4,600,000	123,000	406,000
327	岡山	東山2丁目	東山パークマンション	71	21	2002年10月	11,500,000	162,000	535,000
328	岡山	兵団3 7 - 7	アイロード兵団	72	22	2002年10月	21,000,000	291,000	962,000

329	岡山	下		エクセル東岡山	74	23	2002年10月	9,800,000	132,000	435,000
330	岡山	岡町		ライオンズマンション岡山医大東	25	8	2002年10月	4,500,000	181,000	598,000
331	岡山	倉田		ベルメゾン東光楽南	94	28	2002年10月	10,780,000	115,000	381,000
332	岡山	国体町		ファミールタワープラザ岡山イース	66	20	2002年10月	16,500,000	250,000	827,000
333	岡山	徳吉町1丁目		ライオンズマンション徳吉町	70	21	2002年10月	14,500,000	208,000	689,000
334	岡山	清輝橋4丁目		ライオンズマンション岡山南	56	17	2002年11月	8,000,000	143,000	474,000
335	岡山	奥田1丁目		エバグリーン奥田	74	22	2002年11月	7,800,000	105,000	348,000
336	岡山	南方3丁目370－4		南方パークマンション	78	24	2002年11月	13,800,000	176,000	583,000
337	岡山	豊成1丁目6－7		ライオンズマンション豊成	63	19	2002年11月	9,000,000	142,000	469,000
338	岡山	泉田		アルファステイツ泉田	89	27	2002年11月	14,800,000	167,000	552,000
339	岡山	東古松1丁目286－1		藤松ハイタウン医大南	71	22	2002年11月	14,800,000	208,000	687,000
340	岡山	今2丁目		ダイアパレスパークサイド今	75	23	2002年11月	15,500,000	207,000	685,000
341	岡山	弓之町		蕃山パークマンション	77	23	2002年11月	8,800,000	115,000	380,000
342	岡山	厚生町2丁目		リビングコート厚生町	72	22	2002年12月	24,000,000	331,000	1,095,000
343	岡山	清輝橋3丁目		朝日プラザ岡山サウスフロント	62	19	2002年12月	11,500,000	186,000	614,000
344	岡山	大供1丁目		グリーンビア医大前大供	67	20	2002年12月	10,500,000	158,000	522,000
345	岡山	下		エクセル東岡山	74	23	2002年12月	12,000,000	161,000	533,000
346	岡山	浜野4丁目		アーバンドリーム浜野マンション	66	20	2002年12月	10,000,000	152,000	504,000
347	岡山	浜3丁目		デイアステージ操山	69	21	2002年12月	17,000,000	247,000	816,000
348	岡山	表町3丁目		サーパス表町	76	23	2003年1月	18,900,000	250,000	827,000
349	岡山	新保		スペースアップ新保	64	19	2003年1月	9,000,000	141,000	467,000
350	岡山	東古松2丁目261		サーパス東古松	67	20	2003年1月	11,000,000	163,000	541,000

第 2 章　岡山の中古マンションの流通に関する分析　　55

351	岡山	高屋７２－１	旭川ハイツ	65	20	2003年 1 月	5,700,000	88,000	291,000
352	岡山	国富１丁目８８－４	メゾン操山	65	20	2003年 2 月	8,500,000	131,000	435,000
353	岡山	野田屋町 2 丁目	ダイアパレス野田屋町	20	6	2003年 2 月	5,250,000	262,000	865,000
354	岡山	浜 3 丁目	後楽園パーク・ホームズ	72	22	2003年 2 月	13,600,000	190,000	627,000
355	岡山	下	エクセル東岡山	74	23	2003年 2 月	9,800,000	132,000	435,000
356	岡山	津島西坂 1 丁目２２６－１	両備ハイコーポ	82	25	2003年 2 月	10,000,000	122,000	404,000
357	岡山	南中央町	ライオンズマンション南中央町	83	25	2003年 2 月	12,000,000	145,000	481,000
358	岡山	東古松 1 丁目	医大南パークマンション	78	24	2003年 2 月	11,500,000	148,000	488,000
359	岡山	東川原	グローバル原尾島	76	23	2003年 2 月	11,000,000	144,000	478,000
360	岡山	今 5 丁目１１－１０１	リバールゥ今	71	21	2003年 2 月	13,300,000	189,000	624,000
361	岡山	西古松 2 丁目	フォーラム西古松	66	20	2003年 2 月	9,800,000	149,000	492,000
362	岡山	弓之町	ライオンズマンション岡山弓之町	45	13	2003年 2 月	6,000,000	135,000	445,000
363	岡山	島田本町 1 丁目１０４－１	グランコート島田本町	69	21	2003年 3 月	16,000,000	232,000	768,000
364	岡山	西古松 1 丁目	西古松パーク・ホームズ	75	23	2003年 3 月	19,800,000	263,000	871,000
365	岡山	西古松３２５－１０１	両備グレースマンション大元	76	23	2003年 3 月	23,500,000	307,000	1,016,000
366	岡山	東古松 2 丁目２６１	サーパス東古松	57	17	2003年 3 月	9,700,000	170,000	563,000
367	岡山	清輝本町	ライオンズマンション岡山医大東 2	21	6	2003年 3 月	3,000,000	141,000	467,000
368	岡山	桑田町３０	シティマンション桑田	71	21	2003年 3 月	11,000,000	155,000	513,000
369	岡山	西古松西町 5 －１１２	サーパス西古松 I	76	23	2003年 3 月	14,000,000	185,000	612,000
370	岡山	大供表町２８８－１１	サニーハイム岡山	74	22	2003年 3 月	10,800,000	146,000	481,000
371	岡山	箕島字岡ノ辻１２０９－４	ビ・ウェル妹尾	97	29	2003年 3 月	16,000,000	166,000	548,000
372	岡山	中山下 2 丁目	ライオンズマンション中山下	27	8	2003年 3 月	3,800,000	143,000	474,000

373	岡山	弓之町8-15		サーパス東島田	58	18	2003年3月	7,000,000	120,000	398,000
374	岡山	東島田町2丁目20-2		サーパス東島田	89	27	2003年4月	18,000,000	203,000	672,000
375	岡山	津高919-7		サーパス津高台通り一番館	75	23	2003年5月	18,000,000	240,000	793,000
376	岡山	矢坂東町		アーネスト矢坂	89	27	2003年5月	17,300,000	193,000	639,000
377	岡山	表町3丁目		アークスクエア表町	70	21	2003年5月	16,500,000	235,000	775,000
378	岡山	南方5丁目		コープ野村運動公園	73	22	2003年6月	10,500,000	144,000	477,000
379	岡山	上中野2丁目13-101		サーパス上中野	95	29	2003年6月	21,000,000	221,000	731,000
380	岡山	西市		ライオンズマンション西市駅前	59	18	2003年6月	7,800,000	131,000	434,000
381	岡山	平田		サーパス平田東公園	98	30	2003年6月	19,600,000	201,000	663,000
382	岡山	野田屋町2丁目		ダイアパレス野田屋町	20	6	2003年6月	6,300,000	314,000	1,038,000
383	岡山	浜野4丁目		アーバンドリーム浜野	77	23	2003年6月	11,800,000	152,000	504,000
384	岡山	桑田町		ファミール桑田町	59	18	2003年6月	9,000,000	153,000	507,000
385	岡山	豊坂3丁目		シティハイパル芳泉壱番館	67	20	2003年7月	12,200,000	183,000	607,000
386	岡山	東川原		ファミール百間川	69	21	2003年7月	15,000,000	218,000	719,000
387	岡山	桑田町3-1		桑田町パークマンション	63	19	2003年7月	9,000,000	142,000	471,000
388	岡山	東古松1-30-1		医大南パークマンション	74	22	2003年7月	9,800,000	132,000	437,000
389	岡山	西古松西町5-112		サーパス西古松Ⅰ	57	17	2003年7月	11,000,000	193,000	639,000
390	岡山	東古松2丁目257-1		サーパス東古松通り	75	23	2003年8月	15,500,000	206,000	682,000
391	岡山	鹿田町1丁目		フォレストビュータワー鹿田町壱番館	72	22	2003年8月	20,550,000	286,000	946,000
392	岡山	倉田		ベルメゾン東光楽南	77	23	2003年8月	6,900,000	90,000	298,000
393	岡山	東古松2丁目224-3		両備グレースマンション医大西Ⅱ	81	25	2003年8月	19,000,000	235,000	776,000
394	津山	小原71-1		マリオン小原	63	19	2003年8月	11,600,000	183,000	605,000

第2章 岡山の中古マンションの流通に関する分析　57

395	岡山	東古松3丁目	アルファステイツ東古松	70	21	2003年9月	14,900,000	212,000	702,000
396	岡山	藤原西町1丁目	サーパス藤原西町	75	23	2003年9月	11,500,000	154,000	509,000
397	岡山	中納言141	サンポウ旭川マンション	62	19	2003年9月	5,000,000	81,000	269,000
398	岡山	東古松1−22,23−3	両備グレーマンション医大南	84	25	2003年9月	19,800,000	235,000	778,000
399	岡山	清輝橋3丁目	朝日プラザ岡山サウスフロント	39	12	2003年9月	6,000,000	154,000	509,000
400	岡山	津島西坂1丁目226−1	両備ハイコーポ	75	23	2003年9月	7,000,000	93,000	308,000
401	岡山	厚生町2丁目	サンハイム厚生町	83	25	2003年9月	9,600,000	116,000	383,000
402	岡山	東川原	ファミール百間川	74	22	2003年9月	14,400,000	194,000	641,000
403	岡山	高屋72−1	旭川ハイツ	65	20	2003年9月	6,700,000	103,000	342,000
404	岡山	豊成1丁目	ライオンズマンション豊成	79	24	2003年10月	9,500,000	120,000	396,000
405	岡山	豊成1丁目6−7	ライオンズマンション豊成	114	34	2003年10月	17,000,000	149,000	494,000
406	岡山	津島西坂1丁目226−1	両備ハイコーポ	75	23	2003年10月	7,000,000	93,000	308,000
407	岡山	延友425−1	シティハイコーポ延友	66	20	2003年10月	8,800,000	134,000	444,000
408	岡山	桑田町30	シティマンション桑田	83	25	2003年10月	11,000,000	132,000	438,000
409	岡山	柳町2丁目10−102	エバグリーン柳町	53	16	2003年11月	6,300,000	119,000	393,000
410	岡山	東島田2丁目2−7−20	ダイアパレス東島田	25	8	2003年11月	4,700,000	188,000	623,000
411	岡山	厚生町1丁目6−1	リベール厚生町	82	25	2003年11月	18,000,000	219,000	723,000
412	岡山	西之町13−2	アマネセール西之町	71	22	2003年11月	14,800,000	208,000	686,000
413	岡山	東島田町2丁目7−20	ダイアパレス東島田	25	8	2003年11月	4,700,000	188,000	623,000
414	岡山	東古松3丁目	アルファステイツ東古松	70	21	2003年11月	14,900,000	212,000	702,000
415	岡山	清輝橋3丁目	朝日プラザ岡山サウスフロント	57	17	2003年11月	9,500,000	167,000	551,000
416	岡山	桑田町26−7	アルファステイツ岡山駅南	61	18	2003年11月	16,500,000	270,000	893,000

417	岡山	豊成3丁目	ディアステージ芳泉	77	23	2003年11月	12,900,000	167,000	553,000
418	岡山	神田町1丁目	ライオンズマンション神田町	71	21	2003年12月	9,200,000	130,000	431,000
419	岡山	当新田	ＭＡＣ芳泉コート	64	19	2003年12月	7,000,000	109,000	359,000
420	岡山	岡町	ライオンズマンション岡山医大東	25	8	2003年12月	3,300,000	131,000	434,000
421	岡山	東島田町2丁目7-20	ダイアパレス東島田	77	23	2003年12月	9,000,000	116,000	385,000
422	岡山	新屋敷2丁目7-1	サーパス新屋敷町	73	22	2003年12月	14,700,000	201,000	665,000
		平　　均		69	21		15,308,520	221,085	731,106

第3節　中古マンションの価格推移

　中古マンションの平均単価については、中古マンション売買事例一覧表より見て、1987年ごろまでの坪単価（3.3m^2）は50万円台で推移した。総額は、1,000万円台であった。1988（昭和63）年に岡山では大都市圏より遅いバブル期を迎え、ようやく70万円〜80万円台に上昇した。

　1990年になって、一挙に坪当たり100万円を突破して、110万円の平均を記録した。総額は、2,500万円台に跳ね上がった。以後、2003年までには総額は1,500万円台に下落した。

　それに比べ、新築マンションの価格推移は1989年に3,000万円に近い価格になった。

図表2-4　新築マンションと中古マンションの価格推移

年度別	新築マンション（平均金額）(円)	中古マンション（平均金額）(円)
〜1974年	9,830,000	0
〜1979年	10,330,000	0
〜1984年	21,870,000	10,607,000
〜1989年	29,230,000	12,030,000
〜1994年	27,720,000	24,088,000
〜1999年	27,720,000	15,351,000
〜2003年	28,220,000	14,060,000

第4節　土地価格の推移（平均価格）

(1) 岡山の住宅地と商業用地の平均価格の推移

　それでは、土地価格はどのような動きをしたのか、岡山の土地を住宅地と商業用地に区分して平均価格の推移を見てみよう。

　岡山の住宅地の公示価格は、平成2年から3年にかけて大きく上昇した。いわゆるバブル期である。しかし、その現実は昭和63年から大幅に上昇していた。

図表2-5　岡山市の平均地価（住宅地）の推移

単位：円／m²

	S60	S61	S62	S63	H1	H2	H3	H4	H5
価格	64,400	66,100	68,100	71,800	79,400	103,700	136,400	137,000	130,000
変動率		2.6%	3.0%	5.4%	10.6%	30.6%	31.5%	0.4%	-5.1%

H6	H7	H8	H9	H10	H11	H12	H13	H14	H15
124,800	123,500	120,100	117,600	115,400	79,400	106,900	100,300	90,000	81,100
-4.0%	-1.0%	-2.8%	-2.1%	-1.9%	10.6%	-4.2%	-6.2%	-10.3%	-9.9%

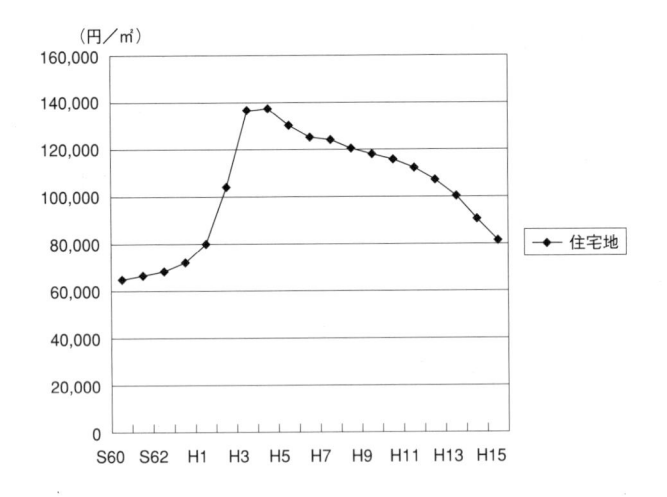

価格抑制策である地価公示価格は「後追い」の傾向を示したのである。

　平成3年をピークに地価は下落することになったが、この下落傾向もまさしく暫時下落を続けている。すべて、「後追い」傾向となっている。

　平成15年には、現実に岡山の住宅地の地価は大きく下落した。昭和60年の価格に近づいてきた。このことは、低迷していた岡山の一戸建て住宅市場が活性化されつつあることを物語る。しかし、大型住宅団地の造成はほとんど見られず、小規模の開発許可団地（20区画前後）をはじめ、ミニ開発団地が横行している現状である。

　商業用地は、平成2年には76.9％と急上昇し高騰した。この時期をピークに

第 2 章　岡山の中古マンションの流通に関する分析　61

図表2-6　商業地の価格変動

単位：百円／m²

	S60	S61	S62	S63	H1	H2	H3	H4	H5
価格	3,008	3,108	3,372	3,796	4,791	8,474	12,341	11,821	9,416
変動率		3.3%	8.5%	12.6%	26.2%	76.9%	45.6%	-4.2%	-20.3%

H6	H7	H8	H9	H10	H11	H12	H13	H14	H15
7,162	6,400	5,183	4,343	3,813	3,396	3,020	2,711	2,332	2,071
-23.9%	-10.6%	-19.0%	-16.2%	-12.2%	-10.9%	-11.1%	-10.2%	-14.0%	-11.2%

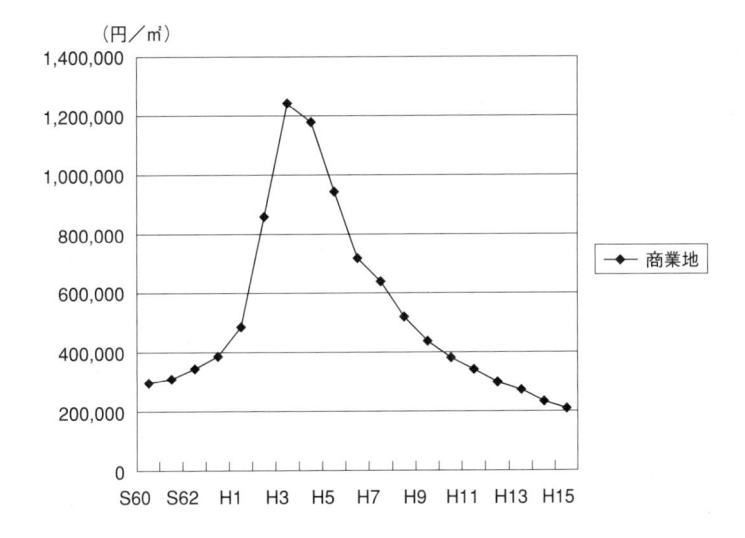

急落し、商業用地の地価は昭和60年の価格と同等の価格となり大きく下落した。住宅地の地価と商業用地の地価上昇時期は同じように上昇したが、下落時の傾向はかなり異にしている。

　即ち、住宅地は平成5年、6年には5％、4％と下落したが、その他の年度の下落率は2％台で推移した。住宅地の価格は一挙に下落せず、5％～2％の間の下落率で低下したのが特徴である。

　商業地は平成5年の20％ダウン、平成6年の24％ダウンをはじめ、他の年度も10％以上の下落率を示した。大都市圏、または国内の他の地方都市と同様の、

価格上昇、下落を示し、地方経済力の低下に拍車をかけることになった。商業用地の価格低落が都心回帰の原点となったが、それだけで都市機能が適正化されたのかは判断に苦しむところである。

岡山においても、2004年には都市部の中心地の銀行跡地に分譲マンションが立ち並ぶ状況が予想される。

(2) 分譲マンション立地付近の土地価格

以下の土地価格表は、岡山県の地価調査の基準地価格もしくは、公示価格を分譲マンションの近いところで場所別に摘出したものである。

5－33（津島）は、1973年完成のいわゆる岡山の初期の分譲マンションである両備ハイコーポに近い場所であり、岡山県の地価調査の基準地である。平成5年は1m^{2}当たり39万円であったものが、平成14年には17万5,000円にまで下落し、その下落率は55.1％と大きく下落している。

5－29（北方）は、1983年完成の北方マンションに近く、公示価格の標準地である。その下落率は、平成3年から平成15年を見ると67.4％である。約3分の1の価格である。近年この周辺に2棟の分譲マンションが建設された。

5－28（浜）は、1974年完成のプレジデント後楽園に近く、公示価格の標準地である。平成3年に1m^{2}当たり71万円のものが、平成15年には16万4,000円である。下落率は76.9％になる。

商業地である5－11（下石井）は、1983年以降かなりの分譲マンション立地として建設された桑田町マンション群に近く、平成4年の1m^{2}当たり135万円が平成15年には23万9,000円で、その下落率は82.3％である。

準工業地域である7－8（藤原）は、岡山県の地価調査の基準地であり、その下落率は平成3年から平成14年を比較すると、48％となっている。1974年に完成された旭川ハイツが該当する場所である。

商業用地の東古松（5－34）は、平成5年の1m^{2}当たり33万5,000円から平成15年には11万9,000円で、下落率は64.5％となる。この地区は、1974年以降多くの分譲マンションが建設された場所である。

5－35（西古松）では、平成5年の1m^{2}当たり52万円をピークに、その下落

率は71.3％である。この地区も多くの分譲マンションが建設された場所である。

5－45（富田町）は、公示価格の標準地であり、商業地域の高値は平成6年の1m²当たり80万3,000円が平成15年には21万7,000円となった。その下落率は73.0％である。

7－11（津高）、岡山県の地価調査の基準地は、平成3年の1m²当たり23万円が平成14年は11万円となり、その下落率は52.2％である。この地区は、郊外マンション立地として建設された場所である。

岡山－9（神田町）の公示価格の標準地は、平成3年の1m²当たり19万3,000円が平成15年は9万3,600円となり、その下落率は51.5％である。

岡山－97（伊島町）の公示価格の標準地は、平成7年の1m²当たり20万7,000円が平成15年には14万2,000円となり、31.4％と大変低い下落率である。この地区の特徴は、若手の医者、大手企業の転勤族等の住む岡山においても有数の優良学校群が存在し、人気の高い住宅地域である。

5－52（東島田）の公示価格の標準地も岡山駅に近く、分譲マンションの立地

図表2-7　公示価格・基準地価

番号	場所	最高価格（円）	最低価格（円）	下落率
地価調査5－33	津島	390,000	175,000	-55.1％
〃　5－29	北方	460,000	150,000	-67.4％
〃　5－28	浜	710,000	164,000	-76.9％
〃　5－11	下石井	1,350,000	239,000	-82.3％
〃　7－8	藤原	185,000	96,800	-47.7％
〃　5－34	東古松	335,000	119,000	-64.5％
〃　5－35	西古松	520,000	149,000	-71.3％
〃　5－45	富田町	803,000	217,000	-73.0％
〃　7－11	津高	230,000	110,000	-52.2％
公示価格岡山－9	神田町	193,000	93,600	-51.5％
〃　岡山－97	伊島町	207,000	142,000	-31.4％
〃　5－52	東島田	460,000	185,000	-59.8％
〃　5－19	内山下	1,350,000	225,000	-83.3％
地価調査5－20	弓之町	640,000	165,000	-74.2％

平均　-63.61％

として人気のある地域である。

　5-19（内山下）の公示価格の標準地（商業地域）は、平成3年の1m²当たり135万円が平成15年には22万5,000円にまで下落した。その下落率は83.3％である。

　5-20（弓之町）の公示価格の標準地（商業地域）は、平成5年の1m²当たり64万円をピークに下落し、平成15年には16万5,000円まで低下した。

　ほとんどの地域で平成3年～5年をピークに土地価格は下落しはじめ、低下に拍車をかけることになっていった。

図表2-8　分譲マンションの立地別地価調査・公示価格表　　単位：円／m²

		H1	H2	H3	H4	H5
5-33（津島） （県）地価調査	両備ハイコーポ					390,000
		H6	H7	H8	H9	H10
		370,000	330,000	295,000	275,000	256,000
		H11	H12	H13	H14	H15
		237,000	215,000	195,000	175,000	
5-29（北方） 地価調査	北方マンション	H1	H2	H3	H4	H5
				460,000	450,000	398,000
		H6	H7	H8	H9	H10
		350,000	325,000	294,000	278,000	266,000
		H11	H12	H13	H14	H15
		240,000	214,000	192,000	169,000	150,000
5-28（浜） 地価調査	プレジデント後楽園	H1	H2	H3	H4	H5
			440,000	710,000	625,000	550,000
		H6	H7	H8	H9	H10
		450,000	400,000	355,000	331,000	280,000
		H11	H12	H13	H14	H15
		250,000	224,000	207,000	185,000	164,000
5-11（下石井） 地価調査	桑田町マンション	H1	H2	H3	H4	H5
		430,000		1,060,000	1,350,000	1,100,000
		H6	H7	H8	H9	H10
		780,000	675,000	580,000	495,000	440,000
		H11	H12	H13	H14	H15
		400,000	357,000	318,000	268,000	239,000

第 2 章　岡山の中古マンションの流通に関する分析　　65

		H1	H2	H3	H4	H5
7-8（藤原） 地価調査	旭川ハイツ	114,000	170,000	185,000	182,000	178,000
		H6	H7	H8	H9	H10
		175,000	170,000	163,000	155,000	144,000
		H11	H12	H13	H14	H15
		137,000	127,000	113,000	96,800	
岡-44 （津島福居） 地価調査	シャトレハイツ	H1	H2	H3	H4	H5
		180,000	280,000	315,000	275,000	240,000
		H6	H7	H8	H9	H10
		215,000	200,000	196,000	193,000	189,000
		H11	H12	H13	H14	H15
		186,000	180,000	165,000	155,000	
5-35（西古松） 地価調査		H1	H2	H3	H4	H5
						520,000
		H6	H7	H8	H9	H10
		445,000	380,000	320,000	281,000	251,000
		H11	H12	H13	H14	H15
		228,000	205,000	186,000	167,000	149,000
5-34（東古松） 地価調査	グレースマンション	H1	H2	H3	H4	H5
						335,000
		H6	H7	H8	H9	H10
		265,000	245,000	224,000	198,000	183,000
		H11	H12	H13	H14	H15
		170,000	158,000	145,000	131,000	119,000
5-45（富田町） 地価調査		H1	H2	H3	H4	H5
		H6	H7	H8	H9	H10
		803,000	715,000	620,000	558,000	450,000
		H11	H12	H13	H14	H15
		385,000	331,000	290,000	243,000	217,000
7-11（津高） 地価調査	サーパス津高	H1	H2	H3	H4	H5
				230,000	220,000	210,000
		H6	H7	H8	H9	H10
		205,000	192,000	182,000	170,000	161,000
		H11	H12	H13	H14	H15
		151,000	141,000	119,000	110,000	

		H1	H2	H3	H4	H5
岡山-9 (神田町) 公示価格		94,000	159,000	193,000	180,000	180,000
		H6	H7	H8	H9	H10
		168,000	158,000	148,000	140,000	134,000
		H11	H12	H13	H14	H15
		128,000	122,000	115,000	104,000	93,600
5-52 (東島田) 公示価格		H1	H2	H3	H4	H5
		H6	H7	H8	H9	H10
			460,000	403,000	364,000	327,000
		H11	H12	H13	H14	H15
		291,000	260,000	233,000	205,000	185,000
岡山-97 (伊島町) 公示価格		H1	H2	H3	H4	H5
		H6	H7	H8	H9	H10
			207,000	202,000	198,000	195,000
		H11	H12	H13	H14	H15
		188,000	182,000	169,000	157,000	142,000
5-19 (内山下) 公示価格		H1	H2	H3	H4	H5
		590,000	900,000	1,350,000	1,300,000	1,110,000
		H6	H7	H8	H9	H10
		990,000	860,000	705,000	580,000	466,000
		H11	H12	H13	H14	H15
		398,000	353,000	310,000	260,000	225,000
5-20 (弓之町) 地価調査		H1	H2	H3	H4	H5
		330,000	569,000			640,000
		H6	H7	H8	H9	H10
		555,000	484,000	422,000	379,000	327,000
		H11	H12	H13	H14	H15
		289,000	262,000	240,000	210,000	165,000

第5節 具体的分譲マンションの年次別価格動向の研究検証

＜ケース1 Hマンション＞

　2001（平成13）年には、購入価格を下回ることになり、2003（平成15）年には購入価格の半額の坪当たり308千円まで下落した。築後30年経過して、購入価格の半値にまで低下した。

　当該マンションは、10年目には外壁の塗装工事を行い、その後も種々のメンテナンス工事は行ってきたはずである。価格の査定に際し、こうした修繕履歴が記録され、またこの記録が価格に反映されたのか。こうしたことがまったく無視され、ただ単に築後30年で査定されてはいないか。もちろんこうした査定のマニュアルがあるわけでなく、また、そのソフトすら存在していない現在では、こうしたことを提示すること自体空虚な話なのかもしれない。しかし、こうした査定しかないとするならば、35年経過したマンションの価値はどうなるのか。大変疑問であり、法制化した管理組合は何のためにあるのかが問われてくる。

　分譲マンションの価格に問題ありと提唱するゆえんである。

① 所在地：岡山市北部
② 用途地域：近隣商業地域・容積率200％・建ぺい率80％
③ 発 売 日：1973年発売・74年完成入居
④ 特　　　徴：当該地域は学区がよく、転勤族の仮住まいとして好立地。
　　　　　　　岡山における本格的マンションのはしりであった。
　　　　　　　会社経営者、医者、弁護士等高額所得者の仮住まい的感覚の住居であり、また、永住型でなく、初期の分譲マンションの特徴である別宅としての住居であった。
⑤ 価　　　格：発売当時の価格は、坪当たり57万円前後である。
　　　　　　　入居後11年目から本格的な転売がはじまり、売りが発生した。
　　　　　　　1994（平成6）年を転機に価格が下落しはじめた。

図表2-9　ケース1　Hマンション

単位：千円

面積	購入時			売却時			経過年数・契約金額差額		
坪	契約月	契約金額	坪単価	契約月	契約金額	坪単価	年数	契約金額	坪単価
24.73	1974年8月	14,100	570	1974年8月	16,000	647	11	1,900	77
22.74	1974年7月	13,600	598	1986年3月	16,000	704	12	2,400	106
22.74	1975年9月	13,300	585	1988年7月	16,800	739	13	3,500	154
22.74	1975年3月	12,700	558	1989年6月	16,800	739	14	4,100	181
22.74	1975年11月	13,600	598	1991年6月	21,000	923	16	7,400	325
22.74	1974年2月	12,000	528	1993年4月	17,500	770	19	5,500	242
22.74	1974年7月	13,600	598	1993年8月	19,500	858	19	5,900	260
22.74	1975年9月	13,500	594	1994年4月	17,000	748	19	3,500	154
22.74	1975年9月	13,300	585	1996年3月	18,000	792	21	4,700	207
31.66	1974年1月	17,200	543	2000年4月	12,000	379	26	-5,200	-164
22.74	1974年7月	12,700	558	2001年2月	8,500	374	27	-4,200	-184
24.73	1974年11月	13,900	562	2001年2月	8,000	323	27	-5,900	-239
24.73	1974年6月	13,900	562	2003年2月	10,000	404	29	-3,900	-158
22.74	1974年10月	12,900	567	2003年9月	7,000	308	29	-5,900	-259
22.74	1974年7月	12,700	558	2003年10月	7,000	308	29	-5,700	-250
23.73		13,533	570		14,073	601		540	30

＜ケース2　Aマンション＞

　建設時期、立地の問題（準工業地域）等、販売当時から売り難い物件であった。価格設定にも問題があり、結局物件の価値が生まれることなく、価格的には停滞した。

① 所 在 地：岡山市東部
② 用途地域：準工業地域・容積率200％・建ぺい率60％
③ 発 売 日：1973年発売・74年完成入居。完売までに相当の年月を要した。
④ 特　　徴：中心部から離れた完全郊外型マンションで、利便性にも優位性が少なく、また、販売時期的にも（オイルショック直後）難しい時期であった。
⑤ 価　　格：発売当時の価格は、坪当たり40万円から47万円前後であっ

図表2-10　ケース2　Aマンション　　　　　　　　単位：千円

面積	購入時			売却時			経過年数・契約金額差額		
坪	契約月	契約金額	坪単価	契約月	契約金額	坪単価	年数	契約金額	坪単価
23.58	1974年1月	9,500	403	1986年12月	8,500	360	12	-1,000	-43
23.58	1974年1月	9,500	403	1986年9月	8,800	373	12	-700	-30
19.59	1974年1月	9,250	472	1988年10月	8,000	408	14	-1,250	-64
19.59	1974年2月	9,500	485	1998年10月	9,000	459	24	-500	-26
21.59		9,437	441		8,575	400		-862	-41

た。

12年経過後の価格は40万円前後であり、価格の上昇は生じなかった。

＜ケース3　Rマンション＞

1989年発売商品であり、岡山のマンションの価格上昇時期と合致し、ピーク時の1990（平成2）年には坪当たり350千円も上昇し、転売も早い時期に発生した。

① 所　在　地：岡山市東古松地区
② 用途地域：商業地域・容積率400％・建ぺい率80％

図表2-11　ケース3　Rマンション　　　　　　　　単位：千円

面積	購入時			売却時			経過年数・契約金額差額		
坪	契約月	契約金額	坪単価	契約月	契約金額	坪単価	年数	契約金額	坪単価
16.74	1989年9月	20,000	1,195	1990年4月	23,000	1,374	1	3,000	179
17.50	1989年9月	23,600	1,349	1990年4月	27,100	1,549	1	3,500	200
28.62	1989年9月	39,900	1,394	1990年7月	47,500	1,660	1	7,600	266
15.65	1989年10月	18,400	1,176	1990年10月	23,800	1,521	1	5,400	345
22.31	1989年11月	31,390	1,407	1991年7月	34,500	1,546	2	3,110	139
26.15	1989年9月	37,000	1,415	1992年5月	41,000	1,568	3	4,000	153
22.20	1989年10月	32,300	1,455	1993年3月	35,000	1,577	4	2,700	122
22.20	1989年7月	33,160	1,494	1994年10月	27,800	1,252	5	-5,360	-242
21.42		29,469	1,361		32,463	1,506		1,113	43

③ 発　売　日：1989年発売・90年完成入居
④ 特　　　徴：完成前販売完了
⑤ 価　　　格：坪当たり140万円前後の発売。
　　　　　　　時期的に価格上昇中であり、転売が早い時期に発生した。
　　　　　　　坪当たり150万円前後まで価格上昇した。

＜ケース4　Bマンション＞
① 所　在　地：岡山市東古松地区
② 用途地域：商業地域・容積率400％・建ぺい率80％
③ 発　売　日：1994年発売・95年完成入居
④ 特　　　徴：完成前販売完了
⑤ 価　　　格：坪当たり133万円前後であり、岡山のマンション市場の最高価格に近い状況であった。
　　　　　　　この時期をピークに値下がり傾向となる。

図表2-12　ケース4　Bマンション　　　単位：千円

面積	購入時			売却時			経過年数・契約金額差額		
坪	契約月	契約金額	坪単価	契約月	契約金額	坪単価	年数	契約金額	坪単価
23.59	1994年4月	32,250	1,367	1998年5月	22,000	933	4	-10,250	-434
24.50	1994年4月	32,250	1,316	2003年4月	19,000	776	9	-13,250	-540
24.05		32,250	1,341		20,500	855		-11,750	-487

＜ケース5　Sマンション＞
① 所　在　地：岡山市西部
② 用途地域：第2種住居地域・容積率200％・建ぺい率60％
③ 発　売　日：1995年発売・96年完成入居
④ 特　　　徴：郊外マンションの典型
⑤ 価　　　格：坪当たり95万円前後で販売、最高価格帯での販売商品。
　　　　　　　転売者はすべて損金が発生した。

図表2-13　ケース5　Sマンション　　　　　　　　　　単位：千円

面積	購入時			売却時			経過年数・契約金額差額		
坪	契約月	契約金額	坪単価	契約月	契約金額	坪単価	年数	契約金額	坪単価
23.40	1995年2月	23,350	998	1998年11月	21,000	897	3	-2,350	-101
21.39	1996年3月	20,320	950	2001年9月	16,600	776	5	-3,720	-174
22.40		21,835	974		18,800	837		-3,035	-138

第6節　中古マンション流通量の推定予測

（1）岡山の分譲マンション流通量の把握

　中古マンション流通量のすべてについての厳密に把握することは、種々の方法により試みが行われているが、なかなか把握できない状況である。

　岡山においては仲介業者の集計により、かなり正確な情報が得られると判断し、行動してみたが、宅建業法による秘密厳守等の理由により正確な情報は得られなかった。

　流通量測定には、法務局の登記簿に記載された所有権移転件数について調査する方法が大都市圏においては行われている。岡山においても、この方法を用いて次の2点から推測することにした。

（2）岡山の中古マンション市場の予測

　① 区分所有権建物の取引件数による推定
　　売買による件数は平成15年には1,670件である。
　② 所有権移転時期の原因別分析概数（平成15年）
　　新築（区分所有の表示と同時期の移転）件数 …………約730件
　　新築以外（区分所有の表示と遅れての移転）件数 ………約900件
　　合計 ……………………………………………………………約1,630件

　上記、売買の取引件数は平成15年については①、②ともに大きな隔たりはな

図表2-14　岡山法務局の登記簿閲覧による概数

原因＼期間	平成13年	平成14年	平成15年
売買	約1,140件	約1,360件	約1,670件
競売	約100件	約90件	約60件
代物弁済	約1件	約2件	約30件
払い下げ等	約70件	2件	0件
合計	約1,311件	約1,490件	約1,760件

いので、移転による概数を取り上げ、これを分析してみる。

前掲の新築以外（区分所有の表示と遅れての移転）の900件の中からマンションとして取り扱われているワンルームマンション、小規模20戸以下のマンション等約100戸、それに買い取り仲介（中古を買い取りリフォームして業者が販売する）約50戸の合計150戸があるものと推定し、これを純然たる仲介業務から除外し計算することとした。

900戸から約150戸を差し引いた750戸を純粋の岡山における中古マンション流通量と推測する。

　岡山における、平成15年の中古分譲マンション流通量は約750件と推測。

その取引額については、前掲の図表2-2「中古マンション売買事例（集計表）」により、平成15（2003）年の平均取引件数は76件、その平均金額（価格）は1件数当たり15,551千円である。

売買事例の合計取引件数750件、平均単価15,551千円として計算すると、
　　　750件×15,551千円＝11,663,250千円（約120億円）

以上のことから、岡山における2003（平成15）年、中古マンションの市場規模を推定すると次のようになる。

　　　流通量……………約750件
　　　流通金額…………約120億円～約150億円

図表3-1　わが国の主要な価格情報一覧

調査名	調査機関	性格	種別	周期	開始時点(年)
地 価 公 示	国土交通省	鑑 定	土 地	年1回	1970
地 価 調 査	都道府県	鑑 定	土 地	年1回	1975
相続税路線価	国税庁	査 定	土 地	年1回	1963
固定資産税路線価	市町村	査 定	土 地	3年ごと	1950
固定資産税・標準宅地鑑定価格	市 町 村	鑑 定	土 地	3年ごと	1994
住宅市場価格調査	住宅金融公庫	売り出し	土 地	年2回(4月・10月)	1963
東京都地価図	(社)東京都宅地建物取引業協会	相 場	土 地	年1回	1968
大都市圏地価調査	(株)ミサワ総合研究所	相 場	土 地	年1回	1979
地 価 分 布 図	(株)東急不動産	相 場	土 地	年1回	1962
市街地価格指数	(財)日本不動産研究所	鑑 定	土 地	年2回(3月・9月)	1955
東京圏時価インデックス	ニッセイ基礎研究所・三友システム不動産金融研究所	鑑定・ヘドニック指数	土 地	四半期	1994
RRPI:リクルート住宅価格指数	(株)リクルート住宅総合研究所	市場価格・ヘドニック指数	中古マンション・戸建て・土地・賃料・収益率	月次・四半期	1989
地 価 相 場	(株)住宅新報社	相 場	土 地	年1回	1959
取 引 事 例	各・不動産鑑定協会等	売 買	土 地	—	—

資料：『不動産市場の新しい経済分析』西村清彦（2002.6.25）日本経済新聞社出版による。

① 取引価格

　一般的に価格というときは「取引価格」をさすものである。不動産の場合、実際のこの取引価格がオープンでなく、情報を得ることが極めて難しい。宅地建物取引業法に基づく、守秘義務違反と称して、価格を公開しない、できないことになっている。しかし「取引事例」と呼ばれる価格情報は存在している。

　取引事例は不動産鑑定評価の基礎的情報であり、不動産鑑定士によって情

報の収集・整備が行われるものと、地価公示価格を作成するため、不動産鑑定士及びそれに準ずる者により収集・整備されるもの、さらに情報機関が収集しているものがある。

　岡山の状況を具体的に説明すると、不動産鑑定士がごく親しい不動産業者を訪問して、事例を収集する。しかし宅地建物取引業法により、仲介活動を通じて知り得た情報は守秘義務の対象であり、基本的には違反行為となる。

　そのため、法務局を利用する。不動産取引が完了すると、法務局に登記される。そこで、その登記情報を確認した後、登記簿から「売り手」「買い手」を調査し、その取引の存在確認に基づき、都道府県・不動産鑑定士協会等の各種団体等が「売り手」「買い手」双方に対してアンケート調査を行い「価格」を調査しているのが現状である。アンケートであり、任意であるため、すべての人が回答するとは限らない。その回収率は高くはない。

　アンケート調査により回収された価格情報は、不動産鑑定士及びそれに準じる者により、「敷地条件〔前面道路幅員等〕」「街路条件」「最寄駅」「最寄り駅までの距離等の利便性」「公法上の規制〈都市計画法用途地域、容積率〉」「取引事情（売り進み、買い進み等）」などが記載され『取引事例カード』が作成され整理される。

　このように整理された「取引事例」は常に更地として取引されたものとは限らない。「建付地」としての取引が多い。そこで鑑定士は建物の価格を算定し、取引総額から建物価格を差し引いた土地価格を算出する。

　そこでこの建物価格の算定により地価が変化することになる。即ち鑑定士のフィルターを通過することにより純粋性は失われる。また、現行のアンケート調査方法は情報入手に時間がかかり、情報鮮度に問題ありといわれている。

② 鑑定価格

　不動産鑑定士により評価された価格のことである。1963年に『不動産鑑定評価に関する法律』に基づき確立されたものである。〔1〕費用から算出する減価法、〔2〕土地の収益を適正な割引率を設定した上で現在価格として求める収益還元法、〔3〕近隣の相当する土地の取引事例を基に求める取引事例比較法の3つの方法を比較考慮して決定する。

しかし、市街地においてはほとんどが近隣の取引事例を参考にして決定されることが多い。最近では収益還元法が重要性を増してきている。

この鑑定評価に関する法律の趣旨の中には「地価抑制」の前提があった。

③　課税価格

固定資産税は市町村長が、不動産取得税における評価は原則として固定資産税における評価に基づき都道府県知事が、相続税・贈与税における評価は税務署長が、登録税における評価は税務官僚が行うものとされている。

それぞれの税の目的が、鑑定評価の正常価格を想定する市場と異なるので公的評価も極めてアンバランスであることが指摘される。

特に固定資産税と相続税のための路線価評価においては、各自治体及び国税庁担当者が独自に評価していたので大きな乖離が見られた。

このような中で1989年制定された『土地基本法』、91年に閣議決定された『総合土地政策推進要綱』に基づき、各公的土地情報間の整合性を保持することの重要性が指摘され、相続税評価は92年以降公示価格の8割をめどに、固定資産税は94年評価替え以降では公示価格の7割をめどに評価が行われるようになった。

しかし、問題を複雑にしているのは、固定資産税の場合、この評価額が必ずしも課税標準額でないことである。急激な上昇を抑えるために、評価額は公示価格を基準としながらも、実際の課税標準額は緩やかに上昇させるために負担調整率が適用されている。そのため課税標準額で見る限り、問題は解消されていない。

(1) それでは公示価格とはどういう価格なのか

国土交通省鑑定委員会が毎年1月1日時点の評価として3月に公表する『公示価格』をいう。

「一般の土地の取引に対して指標を与え、及び公共の利益となる事業の用に供する土地に対する適正な補償金の額の算定に資し、もつて適正な地価の形成に寄与すること」を目的として昭和45 (1970) 年に開始された。

具体的には①一般の土地取引に対する指標の提供、②不動産鑑定士等の鑑定評価基準、③公共用地取得の算定基準、④収用委員会の補償の基準、⑤国土利用計画法による土地取引規制における価格審査の基準、⑥国土利用計画法に基づく主な「公的価格」と公的色彩が強い。

調査方法は、土地鑑定委員会が2人以上の不動産鑑定士または鑑定士試補の鑑定評価を求め、その結果を審査し、必要ならば調整を行い判定する。

調査地域は都市計画区域内であり、極めて広い範囲を対象としている。

鑑定の手法は、取引事例比較法、収益還元法、原価法等を用い、その求められる価格を勘案して行われる。基本的には取引事例法を中心として行われているのが実態である。最近は収益還元法が用いられることが多い。

現行の公示価格制度は社会調査的観点から調査ポイントが拡大されてきた。しかし、それにつれて調査員が増加した訳でなくまた、変動率といった視点からの誤差が大きくならないために、調査ポイントの選定替えが頻繁に行われている。このため、公示価格は特定時点の時間的な価格変化を観察することが困難な状態である。

公示価格は2つの情報を提供している。地価水準と地価変動率である。しかし、地価公示時価格はポツンポツンと点で〈標準地〉のみの表示である。相続税の路線価図のように、地価が「面」で表示されていない。これでは評価地点の価格との比較が直接にできない。

毎年発表される「地価変動率」はかなりの注目を集める。これは前年の地価水準に変動率を乗じたものが、当年の地価水準となるからである。一方が決まると、片方も決まるという連動である。ゆえに1つ間違えると厄介なことになるのがこの2つである。

公示価格は「前年評価額×地価水準変動率＝当年評価額」である。即ち地価変動率が決まれば求めるべき評価額は決まってしまう。結局変動率の決定がすべてである。

それでは、変動率はどのように決定されるのであろうか。

分科会〈鑑定協会〉で論議されるが、実質的に決定しているのは誰か。もちろん国土庁〈鑑定官〉が決定するとか、強制はしていないが、間接的に指示を

意味していて決定されている。極端にいうと、地価が操作されていることにもなる。「変動率をもう少し下げてはいかがでしょうか？」の一言が大きく影響するのが実態である。

(2) 公示価格の本来の機能

　地価公示は、本来地価の抑制という大きな政策目的を担わされている。その手段として、公示価格には基準機能を持たせている。即ち鑑定評価額決定には、鑑定士はその評価額を公示価格と均衡を持たせるようにしなければならないのである〈強行規定〉。

　このほか、公共用地の取得価格の算定、国土法価格の審査等に関しても基準義務がある。

　また、国の事業用地を取得する土地収用法についても基準の義務がある。

　地価統計にはその役割は大である。しかし、不動産取引ではほとんど信用されていなかった。なぜなら、公示価格は相続税や固定資産税（登録免許税・不動産所得税）の課税標準となる土地の評価をベースにしているからである。

　近時の地価下落に際し、現在では逆に不動産業者がこの公示価格、または路線価などを都合よく利用している。

(3) 公示価格の問題点

　森田義男、2004.1.28発行（株)水曜社『公示価格の破綻』は問題点を明示している。

* ＊公示価格を用いて地価の動向を把握しようとするとき、いずれの指標においても鑑定情報という性格から真の市場価格からは乖離している。
* ＊環境の変化が起こったときは、鑑定価格の動きは取引価格の動きに遅れを取る。

　実際、1980年代後半の地価高騰期には鑑定価格は実勢価格の8割であり、1990年代初めの地価の反落期には公示価格が実勢価格よりかなり高かった。

＊現在の鑑定実務上では、取引事例比較法の重要性が高い。その場合不動産鑑定評価の精度は、取引事例の情報の豊富さ、精度、正確度に依存する。ところが、土地市場が大きく変化している不確実なときはその取引は細る。取引が細ると取引事例は少なくなり、鑑定の精度は低くなる。具体的には、価格が急上昇、または下降する局面では取引事例の選択を誤る可能性が高い。正常値でない価格を正常値として判断する可能性が高くなる。

＊数年に一度しか取引が行われないところ、流動性の低い地域、現実に取引のない地域の評価の場合「推定」をしなければならない。

＊1月1日現在の予測について、この取引事例は少なくとも5か月前の事例であるはずである。この事例を時修正し予測することになる。この予測が果たして必ず正確であるのかどうか？という問題がある。

＊公示価格が課税情報（固定資産税）のベンチマークとなっていることから、固定資産税の財政環境の悪化地区では、公示価格の下方修正が困難である。

＊地価抑制策の意味を強くこめた制度である。

以上のように、わが国の鑑定評価制度が持つ制度的要因により誤差を生じる可能性が多いことと、問題点を指摘されている。

『不動産市場の経済分析』2002.6.25日本経済新聞社発行、第2章「地価情報の歪み」の中で、取引事例と鑑定評価の誤差についても西村清彦、清水千弘が以下のように指摘している。

　　「鑑定評価情報がもつ制度的要因としては、取引事例比較法が採用されている地区での情報の豊富さ、制度、正確度に評価制度が依存し、市場の転換期には『情報不足による評価誤差が増大する』可能性のあること、『評価時点が調査時点より先になることから将来を予測することに伴う誤差が存在する』可能性が指摘された。さらに、公示価格については、調査員である不動産鑑定士の中立性といった問題も指摘した。

　　そして、一連の分析を通じてわが国における不動産価格精度情報が構造的にもつ問題を明らかにした。特に地価情報の根底を成す公示価格の鑑定評価情報は制度面でも、運用面でも無視できない誤差をもっていることが明らかになっている」。

また、森田義男は次のように指摘した。

「公示価格制度は破綻している。現在の公示価格の評価額も過去の地価変動率も、実態と乖離している。まさにデタラメといっても過言でない。
　直接の原因は『選定替え』というトリックを多用したことである。公示価格を所管する国土交通省は、地価の抑制を任務としていた。どうしても毎年の地価上昇率を少なく発表する。これが重なると、公示価格の水準が実勢価格にくらべてどんどん下がってしまう。
　そこで『選定替え』が登場する。このトリックを使うと変動率に無関係に公示価格の水準を引き上げることが出来るのである。
　この魔法は、役所の思惑どおりの数値は実現してくれる、鑑定業界による地価大変動の見落としもカバー、帳消しにしてくれる。あまりの便利さに、一度使うともう止められない。こうして『麻薬』を使い続けた結果、公示価格はガタガタになってしまったのである」。

　鑑定書は、鑑定士の主観的判断を書面に書いたに過ぎない。評価額はこの不動産の関係者を拘束する力はない。それを採用するかどうかは、関係者が自由に決めればよいという理屈である。であるから役所、銀行はこれを採用しているだけであり、この鑑定書が公正であり、真実とは限らないということである。民間ではあまりこの鑑定書は使われていないのは、こうした鑑定料が高くあまり意味がないということである。
　鑑定評価において収益還元法が重視されるといわれるが、一般的には評価についてはやはり、取引事例比較法が主流であり、これが中心である。

　結論として、土地価格の評価一物四価といわれるようにどれが本当の価格なのか不明のままである。原点であるべき地価公示価格が不信感の塊であるとすると、やはりこうした土地評価の原点であるべき取引事例価格を基本とした（ただし、売り急ぎ等の不正常価格を除く）取引事例の公開により、取引事例価格を数多く集積し、評価につなげる努力が必要になってくる。

第2節　一戸建て中古住宅の価格について

(1) 中古住宅に関する日本人の考え方

　住宅は、戦後50年を経過して著しく改善・整備されたが、住宅に対する息の長さ、寿命については、いささか疎かにされた傾向がある。それどころか、むしろ消費財として生産され償却されてきた。個人の財産であるべき住宅は、財貨としての相応の価値を認めることに目を向けず、建物よりも土地の値段にその価値を見いだし、バブル後遺症を生み出したのである。したがって住宅市場は形成されず、住宅は街づくりの要素でありながら、街づくりに明確な貢献はなされず、地域とのつながりも特別に意識されなかった。

　したがって、固有の市場を形成し得なかった。住宅は街をつくる要素でありながら、街づくりに明確な寄与を成し得ず、地域とのつながりも別に意識しなかった。

　いわゆる市場に出る住宅の圧倒的多数は新築住宅（新築分譲マンション）であるが、現実に実在する「住宅としての機能を持った建物」はそのほとんどは中古住宅である。新築住宅も買い主に引き渡されたときから中古住宅となり、中古住宅の部類に入るのである。しかし中古住宅取引の市場は市場として登場することも新築市場に比較して極めて低く、市場の外に存在するといっても過言でない。とりわけ、中古戸建て住宅は敷地とともに売買されることが通常であり、この場合、建物部が価格を形成せず、または、場合によっては減額要因になることさえあることはよく知られているところである。

　また、度を越した土地の「商品化」による「地価の高騰」。本来再生産できない、持ち運びもできない土地は商品でなく、商品の擬態である。社会生活を営む基盤としての利用をされてこそ価値が生じる。ところがいつの間にか建物と切り離して「土＝商品」として、高値で売買される側面だけが拡大し、土地は投機の対象となった。「土地は資産で建物はおまけ」の考え方が広まり、土地の売買に引きずられ上物は壊された。

　マンション建設も、地価上昇を当て込んで、「いずれ壊せばよい」と将来の見通しを立てず、その時々のフローの損得勘定で建物の存続が判断された。それが集合住宅（マンション）の維持管理を置き去りにした原因の1つである。

(2) 政府（国）の施策はどうであったか

　従来の「住宅政策」は、しばしば経済産業政策、特に景気対策のための主要な柱として位置付けられた。その結果、国民のための良好な住宅ストックを形成し、その流通を円滑ならしめる固有の意義のある住宅政策を優先することができなかったという認識がある。経済産業政策としての「住宅施策」が迅速広汎な波及効果を上げていなかったといえる。

　わが国における中古住宅に対する政策の動向は、ストックの形成を目的として様々な施策が取り組まれている。中古住宅市場活性化のための、ストック有効活用のための施策を列挙してみると（具体的政策）

　① 住宅の品質確保の推進等に関する法律（平成11年6月23日交付）
　② 中古住宅保証制度の施行（平成13年4月より）
　③ 住宅金融公庫、新築並みの融資（平成12年10月より）
　④ 建築物の耐震改修の促進に関する法律
　⑤ 高齢者住居安定法成立（平成13年4月6日公布）
　⑥ 住宅ストック形成・有効活用システム
　⑦ 住宅市場整備行動計画（アクションプログラム）について（平成14年3月）
　⑧ 中古住宅性能評価と履歴情報のストックと開示による市場整備
　⑨ 住宅市場研究会（平成13年）
　⑩ 市場機能を積極的に活用した住宅金融のあり方懇談会（平成13年10月から）

　政策としていろいろな取り組みが行われているが、地方都市岡山において、この具体的行動はほとんど見られない。しかし、具体的には住宅整備行動計画のレインズを利用した中古住宅市場状況の提供促進が、少し動きはじめたような感じがする。

(3) 中古住宅の評価

　中古住宅の評価は、取引事例法、原価法、収益還元法の3つの手法がある。
　① 取引事例法
　　岡山ではほとんどがこの手法を採用している。簡単にできるからである。
　　この手法は、事例が多くあれば、その実行性は高まるが、取引が少ないと

きは、この事例に無理が生じる怖れがある。
② 原価法
　原価法を構成する再調達価格、原価率、調整率の諸要素のうち、調整率が最もあいまいな要素であり、その採用数値は、評価主体の感覚に関係する。
③ 収益還元法
　原価法を補充する手法として今後重視されるであろう。
　賃貸住宅が仮住まいで劣等品〔財〕として見られた時代が終わり、土地付きの戸建て住宅を購入して住むことと対等に選択肢となる時代が到来すれば、収益還元法を住宅に適用する環境が改めて整うことになる。

　中古住宅の取引を行う場合、その敷地とともに売買する場合でも一括していくらとの評価〔査定〕は望ましいことではない。土地の評価と建物の評価を別々に行う必要がある。ところが、今までは建物を0に評価するとか、または土地評価において建物の存在をマイナス要因と考えることが多々あった。すなわち、中古住宅が敷地とともに売買される場合、建物部分が価格を形成せず、場合によっては減価要因になるということはよく知られたことである。
　戸建て住宅の価格は、建物部分と土地部分の2大構成要素から成り立っている。
　戸建て住宅価格査定マニュアルは、この2つの構成要素を別々に求め、最終的に2つを合計することにより、戸建て住宅の価格を求めるという考え方によるのである。
　その手順は、まず適切な事例地を選択することは、土地の価格査定マニュアルと同様であるが、事例地と査定地のそれぞれの建物価格を先に求める。
　次に事例地の建物部分の価格を、事例地の戸建て価格から差し引いて土地部分の価格を求め、その土地価格については、土地価格査定マニュアルを用いて、更地の土地部分の価格を求める。そして、先に求めた差定地の建物部分の価格と、この土地価格とを合計し、最後に市場性に応じた調整（流通性比率）を行い、戸建て住宅の価格査定を導き出すのである。
　岡山では、このマニュアルが発行された昭和57年頃、社団法人岡山県住宅宅

地協会によって委員会を作り、プレハブ住宅、木造住宅別に標準建築費を確立し、マニュアルを作成したことがある。しかし、現在ではこのマニュアルはほとんど活用されてはいない状態である。

　土地価格査定マニュアルは他の査定地を適切に選定すれば使えるが、中古住宅の場合、標準建築費が公認された状態で設定されない限り、結論的にこの中古住宅マニュアルを使うことはなかなか難しい状態である。

　土地価格の設定が問題を提起し、かつ住宅についても完全な評価をするものが存在しないというように、甚だ不安定な要素が多いのが不動産の業務である。

第3節　中古マンションの価格決定について

　分譲マンションについては土地の価値を別個の資産としてはほとんど考えていない。

　区分所有法で規定されているし、まさしく建物全体の価値が自己所有の専有部分とともに評価されるからである。

(1) 中古マンション住宅政策の動向
　1) マンション管理の適正化の推進に関する法律
　　〔平成12年12月1日制定、13年8月1日施行〕
　　① 管理の主体は住宅所有者、管理組合である。住宅所有者の管理責任を義務づけた。
　　② 国や地方公共団体のあるべき管理の方向性を示すこと、支援責任を位置づけた。
　　③ マンション管理適正化推進センターはマンションに関わる相談体制の充実を図る必要がある。
　　④ マンション管理士制度の発足。
　　⑤ 管理業・管理会社：マンション管理業を行うものは、国に登録することになった。

⑥　分譲会社の管理責任：マンションの引き渡しの際には設計図を管理組合に渡す。

2）マンション総プロ（国土交通省総合技術開発プロジェクト）
　都市型住居としてのマンションの定着と老朽ストックに対処し、地球環境問題等への長期的な投資効率の向上を目指す。
　① 長期耐用型新築集合住宅の建設、供給・改修技術の開発
　② 既存ストックの長命化技術の開発
　③ 円滑な建て替え手法の開発

3）区分所有法改正の取り組み
　① 管理組合は当然成立
　② 専用部分の区分所有権と敷地所有権の一体化
　③ 共用部分の変更及び規約の設定・変更・廃止を4分の3以上の多数決で可能に
　④ 管理者の規定に訴訟追行権
　⑤ 公正証書による規約設定可能、分譲業者による規約設定
　⑥ 集会の召集の仕方や通知方法を規定
　⑦ 賃借人ついての規定
　⑧ 管理組合法人が可能に
　⑨ 義務違反に対する措置の設定
　⑩ 建て替えに関する規定〔新設〕
　⑪ 団地に関する規定

4）マンション建て替えの円滑化などに関する法律〔案〕平成14年2月15日閣議決定
　国はマンションの建て替えを円滑にできるように支援する。

5）その他の取り組み
① 管理組合の支援体制、相談体制の強化
② 幅広い情報の提供と情報交換の促進
③ 修繕積立金の適正管理
④ 管理業の適正化と育成
⑤ 住宅金融公庫の優良中古マンション融資制度・マンション情報登録制度
⑥ マンション管理運営情報の整備・開示に関する調査研究

ここ数年の間にマンションに関する様々な法整備がなされ、特にストックに対する管理上の水準維持のため「マンション管理適正化法」と建て替えをしやすくするための「マンション建て替え円滑法」、区分所有法改正の中の「一連の建て替え条項」が矢継ぎ早に制定された。

(2) 価格査定マニュアル

〔価格査定マニュアル〕は宅地建物取引業者が物件の価格について顧客に助言する際に用いる実用的価格査定法として、建設省の指導のもとに、財団法人不動産流通近代化センターが作成したものである。

昭和54年に建設省の委託調査として作成された『価格査定マニュアル策定委員会報告』を基礎として、近代化センター内に専門委員会を設け、建設省の指導を受けて策定したものである。

昭和56年10月に『土地価格査定マニュアル』、『戸建て住宅調査査定マニュアル』、昭和57年2月に『中古マンション査定マニュアル』が発表された。

この査定マニュアルは昭和57年5月20日より施行される宅地建物取引業法上、宅地建物取引業者の意見価格の根拠明示義務に対応して、宅地建物取引業者が仲介依頼を受けた物件の売り出し価格についてのアドバイスする際の拠りどころとして宅地建物取引業法第34条の2により義務づけられた、業者としての統一的手法である。

その根拠明示の合理的手法として建設省（現在の国土交通省）委託調査による価格査定マニュアルが発表され、これを実用化したものが(財)不動産流通近

代化センターの策定した価格査定マニュアルである。昭和60年6月、平成5年7月にマニュアルの効率的運用を図るため、改定が行われ、また新たに、平成15年3月に第4次の改定を行った。

＊価格査定マニュアルの基本構造

価格査定マニュアルは、これから価格査定を行う不動産について、そのもののみに着目して価格を算出するのではなく、他の不動産で実際に取引が成立し、価格が判明しているものを一定条件のもとに選定し、その2つの不動産同士を、一定のルールに従って相互に比較し、価格を導き出したものである。

即ち、価格査定の根幹をなすものは、その比較すべき取引事例を選定する「一定の条件」と、その比較を行う「一定のルール」であり、その2つを基本構造としている。

価格査定マニュアルには3種類ある。
① 土地価格査定マニュアル
② 一戸建て住宅価格査定マニュアル
③ 中古マンション価格査定マニュアル

1) 土地価格査定マニュアル

価格査定を行うとする土地（査定地）と、状況条件等が近似している土地（事例地）とを選定し、事例地の売買価格を基礎に、事例地と査定地との間で価格形成要因である諸条件について比較を行い、査定地の価格を導き出す方法である。

まず、適切な事例地を選択し、査定地との間で画地条件の比較を行い、次いで同じく住宅地としての条件について比較を行い、査定地の土地価格を導き出す。

2) 一戸建て住宅価格査定マニュアル

一戸建て住宅の価格は、建物部分と土地部分との2大構成要素から成り立つ。一戸建て住宅査定価格マニュアルでは、この2つ構成部分価格を別々に

3）評点の修正と標準建築費の把握
　第3の条件は、地域ごとの標準建築費が現実に即したものに絶えず修正されていなければならないことである（地域による差異）。地価、建築費、不動産流通市場の需給動向等の変化により、その比較項目、あるいは評価が現実の取引価格の形成と遊離してくる場合がある。

　以上のように、価格査定マニュアルは前提条件がクリアされなければ、極めて厳しい結果になる可能性が多く、また、この査定に要する時間的、資料的余裕が少なく、岡山においてはほとんど使用されていないのが現実である。昭和57年頃、社団法人岡山県住宅宅地供給協会が主導し、岡山地域における中古戸建て住宅について標準建築費を木造住宅、プレハブ住宅等に区分して作成し、会員に普及させたが、それ以後はほとんど使用されていない状態である。
　中古マンションについてはまったく統一された基準がなく、各社が自由に査定し、顧客に対応しているのが現状である。
　中古マンションの取引について問題点をあげてみると、以下の事項が共通している。即ち、契約優先を考えると、売り主側から見るとかなり低価格ではないかと思っても、デフレ経済の中、価格の低下は当然であり、事例マンションがこうした価格であると表現されると致し方なく了承し、かつその価格がまた、事例地として査定されているのではないかとの疑問がある。
　また、マンションは管理が大切であり、この管理体制によりマンションの建物の維持管理、そして、マンション自体の快適性、資産の維持が決定されるのであるが、この管理の中身が何ら加味されず、評価もされないまま、価格が決定される不可解さがある。

(4) 日常の不動産売買価格はどのようにして決まるのか
　不動産売買が成立したということは、売り主と買い主との間で、その一方（売り主）がその不動産の所有権を相手に移し、相手方（買い主）がこれにその代金を支払うことについて合意が成立したことを意味する。
　しかし、現実の取引においては、不動産価格は、最初から最後までずっと1

つのもとは限らない。最終的な売買価格が決定するまでには、種々のプロセスを経ることになる。

それを分類してみると、4種類に分けることができる。

1）依頼者の希望価格

売却を希望する売り主が、自分の所有不動産をいくらで売却してもらいたいかの価格である。

この希望価格は、いわば依頼者（売り主）の思惑的な次元で決定されることが多く、希望価格である。

また、購入を希望する買い主にも希望価格が存在する。自己資金の支払い希望額はこれだけであるから、ということから出発し、自己資金の必要資金量から売却希望価格が決定されるという売り主希望価格と、同様な買い主希望価格が存在する。

2）意見価格

仲介業者価格が意見価格（助言価格）である。仲介業者は一般の消費者とは当然違い、常に日常現実の不動産を取り扱っているから、取引の相場、市場の動向、物件の流れ具合などの知識があり、ある程度の価格の目安を保有している。しかも依頼を受けた物件の現地調査などに行き、自分の実務的感覚に基づき、より正確な価格を把握することが可能である。

その場合に、実務感覚にプラスして、当該地により近い場所の取引価格の調査等を行い、価格査定マニュアル等を併用して、意見価格を決定、消費者（依頼者）に助言する価格のことである。

3）媒介価格（売出価格）

売却依頼を受けた物件の売り出し価格である。仲介業者はこの価格を実際に広告し、業者間の情報交換組織に流していくわけである。依頼者と仲介業者の間で価格の隔たりがあれば、調整が行われ、媒介価格が決定される。

この媒介価格は依頼者との調整が取れない場合、または他の仲介業者が提

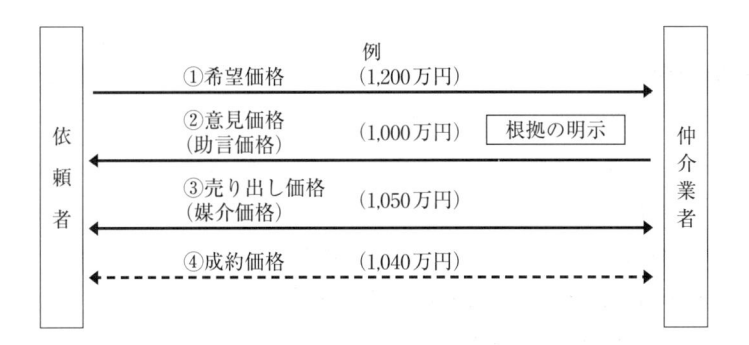

図表3-2　媒介価格決定のプロセス

依頼者		仲介業者
	①希望価格　例（1,200万円） →	
	②意見価格（助言価格）（1,000万円）　根拠の明示 ←	
	③売り出し価格（媒介価格）（1,050万円） →	
	④成約価格（1,040万円） ←--→	

示した媒介価格外来者の希望価格に近い場合には成立しない場合もある。

また、この媒介価格はいったん決定されると、最後まで変わらないものではない。その後の情勢の変化に対応して価格は変化することがある。また、なかなか売れなかった場合は価格を変更しなければならないことにもなる。

売却価格が決定されると、媒介の契約をすることになる。宅地建物取引業法では、媒介契約に関する契約関係を明確化し、紛争を防ぐため、媒介契約を締結したときは、遅滞なく、一定事項を記載した書面を作成し、依頼者に交付しなければならないと規定した。

そして媒介契約はいくつかのタイプに分けられる。1つは依頼者が他の業者に重ねて媒介や代理を依頼することを禁止する形式で専任媒介契約という。2つめは、専属専任媒介契約とは、依頼者が依頼した業者が探索した相手方以外の者と売買または交換の契約は締結することができない旨の特約を含む専任媒介契約をいう。3つめは依頼者が他の業者に重ねて媒介を依頼することを許す形式のものである。

4）成約価格

媒介価格に対して、その価格で取引に応じてもよいという相手が現れ、最終的に成立した価格が成約価格である。

広告された媒介価格等に基づき、売買関係に入ろうとするとき、双方の意思決定の最終段階で若干の変更やそれに伴う価格に変更があり得るが、それ

は媒介価格に対する最終的な値引き交渉の一種というべきであろう。

＊価格査定について（宅建業者）
1）価格査定の現状
　売り主は高く売りたいという価格を、依頼を受ける業者は売却するのに売りやすい価格を設定する。
　売り主は自分なりの必要資金から算出した金額を提示し、業者は最近の取引価格の実例などから、ある程度の目安がある。このとき双方にらみ合いのまま売り出し価格の決定をしなければならない。まず売り出し価格の決定をすることになる。その場合、依頼者の希望価格が現実と大きくかけ離れた場合には成約できない。業者は助言をしなければならない。しかしその助言が経験だとか、勘だとかでは説得することは難しい。そこで、宅建業法が改正された。その大きな柱が、媒介（仲介）に当たって価格について意見を述べるときは、その根拠を明らかにしなければならないとされた。そして媒介契約を締結し、市場に売り出されていく。
　中古市場が非公開、不透明であるため、平成2年大臣指定の不動産流通機構制度が創立された。宅地建物取引業者間で不動産物件情報が円滑に流通し、最適な相手方との間で迅速に、かつ、適正に取引が成立することが必要となったからである。そのために広く物件情報が交換され、契約の相手方を探索できる仕組み（流通機構）が設立された。
　指定流通機構が導入している情報処理システムを「レインズ」（不動産流通標準情報システム）という。この機構に登録し、迅速に相手方の探索を行うことになった。
　このシステムの本格的稼動には時間を要するであろうが、不動産業者自身の登録に対する努力が大きく影響することである。

　　《宅地建物取引業法（抜粋）》
　（媒介契約）
　　第34条の2　宅地建物取引業者は、宅地または建物の売買又は交換の媒介の契約（以下この条において「媒介契約」という。）を締結したときは、遅滞なく、次

の各号に掲げる事項を記載した書面を作成して記名押印し依頼者にこれを交付しなければならない。

一　（略）
二　当該宅地又は建物を売買すべき価額又はその評価額
三
四
五　　　　　　　　省略
六
七
　2　宅地建物取引業者は、前項第二号の価額又は評価額について意見を述べるときは、その根拠を明らかにしなければならない。
　　　　　　　　　　　　　　　　　（以下、省略）
『宅地建物取引業法の解釈。運用の考え方』平成12年7月25日
　　　　　　　　　　　　　　　　建設省建設経済局不動産課

＊媒介契約に関する意見の根拠の明示義務について
1）意見の根拠
　意見の根拠としては、価格査定マニュアル（財団法人不動産流通近代化センター）が作成した価格査定マニュアル、または、これに準じた価格査定マニュアル）や同様の取引時例等他に合理的説明がつくものによるものとする。なお、その他次の点についても留意することとする。
　①　依頼者に示すべき根拠は、宅地建物取引業者の意見を説明するものであるので、必ずしも依頼者の納得を得ることは要さないが、合理的なものでなければならないこと。
　②　根拠の明示は、口頭でも書面を用いてもよいが、書面を用いるときは、不動産の鑑定評価に関する法律に基づく鑑定評価書ではないことを明示するとともに、みだりに他の目的に利用することのないように依頼者に要請すること。
　③　根拠の明示は、法律上の義務であるので、そのために行った価格の査定等に要した費用は、依頼者に要求できないものであること。
　　　　　　　　　　　　　　　　（以下、省略）

これは、「仲介業者の価格」に関する助言行為の役割の大きいことを踏まえ、その助言の根拠明示を法律上の業務にまで高めたものである。
　したがって、仲介業者は売り主の希望価格に対して意見・助言を行い、その調整を図るときは、合理的な根拠を示す義務が課せられ、ただ単に「それが相場というものである」とか「私の経験から見て、それが限度です」という程度のものではなくなった。
　土地価格がすべてのベースになるのであるが、この土地価格の評価の対象として欠くことができないのが、取引価格(実際の)、成約価格である。ところが第1章で述べたごとく、この取引価格が市場に出回らない。その理由もプライバシーの侵害とか、宅建業法違反行為であるとの理由で、公開されない。
　以上のようにして仲介行為が成立されていく。

第4節　具体的中古マンション価格の疑問

(1) 地価の下落のマンション価格への影響

　マンションの地価がそっくり一戸建てと同様に下落するものではないはずである。
　地価の下落がどれくらいマンション価格に影響を与えるのかを検証し、その中古マンション価格が適正に評価されているのかを探ってみたい。管理状態の価格への反映は別の問題として、土地価格のマンション価格への影響を検証してみる。

　＜具体的事例＞
　　戸数30戸の分譲マンション(商業地域、容積率400％)
　　平均専有面積24.48坪、平均販売価格31,000千円の場合

土地関係	建物関係
土地関係概算経費…185,000千円	建物関係概算経費…560,000千円
販売価格概算………235,000千円	販売価格概算………710,000千円
一戸当たり…………7,333千円	一戸当たり…………23,666千円

土地・建物合計、一戸当たり、約31,000千円

　分譲マンションに占める土地の割合は岡山地区では、1980年以降は以上のように大体20％〜30％内外である。
　即ち分譲マンション総額の20％〜30％が土地代である。

以上のことから、マンション価格の20％〜30％が土地代であるから、土地の値下がりによる影響の度合いはこの比率によるものである。一戸建てのように土地価格の下落そのものが直ちに影響するのではなく、地価の下落の影響度はマンション総額の平均25％であることが明らかである。
　マンション建設初期における考え方は、土地購入の動機についてばらつきがある。というのは最初からマンション用地として購入されたものばかりでないので、すべてにこのような比率を適用はできないが、1980年代以降のマンションについてはこの算式が適用されるのが普通である。
　建物については、当然一戸建ての木質系の住宅は異なり、ほとんどすべてが鉄筋コンクリート造りである。耐用年数が大きく違うこと、そして丈夫であることなどがあげられる。

(2) 具体的分譲マンションの価格検討（疑問点）
　それでは具体的に成約された中古分譲マンションの価格を検討してみる。
　ケース1)
　　岡山市中心部、Gマンション
　　　鉄筋コンクリート造り、10階建て
　　　専有面積　　　78.36m^2（23.70坪）
　　　1995年　当初販売価格　32,580千円
　　　2004年　転売価格　　　19,000千円
　　　下落率　9年経過　　　13,580千円（41.68％ダウン）
　　　当初販売価格の内訳
　　　土地代　32,580千円×25％＝8,145千円

建物代　32,580千円―8,145千円＝24,435千円

それでは減額される金額を算出してみると下記のとおりである。
　土地下落率は前掲の分譲マンション近隣の土地価格を参考に下落率を見ると、弓之町は1995年から2004年の下落率は66％である。建物に税法上鉄筋コンクリート住宅の法定償却47年、定額法、償却率（0.022）を適用して、分析してみると以下のとおりである。

　　土地の減価額は　8,145千円×66％（下落率）　＝　5,367千円
　　建物の減価額は　　　　　　　　　　　　　　　＝　4,347千円

　（内訳）
　　建物代　24,435千円－2,436千円（残存価格）＝21,992千円
　　21,992千円×0.022（償却率）＝　483万円（年間）
　　483万円×9年（経過年数）　＝4,347千円

　以上により論理上減額されるべき金額は当初取得金額からは9,714千円（約9,700千円）であるべきである。それが現実には当初取得価格から13,580千円も減額され、論理上との差額は3,866千円になっている。
　即ち論理上価格よりも約4,000千円近く安く評価されている。

ケース2）
　岡山市東古松、Hマンション
　　鉄筋コンクリート造り、10階建て
　　専有面積80.32m^2（24.29坪）　　商業地域
　　1995年　取得価格　　　32,460千円
　　2004年　転売価格　　　15,000千円
　　下落率　経過年数9年　17,460千円（60.98％ダウン）

　　土地代　32,460千円×25％＝　8,115千円
　　建物代　　　　　　　　　　24,345千円

減額される額を算出してみる。

土地下落率は前掲の分譲マンションの近隣土地価格を参考にしてみると、60.98％の下落率である。建物には法定償却法を適用する。

　　土地　8,115千円×61％（下落率）＝4,950千円

　　建物　　　　　　　　　　　　4,338千円　合計9,288千円

　　（内訳）

　　24,345 − 2,345 ＝ 21,910千円

　　21,910千円×0.022％＝　482千円（年間）

　　　　　482×9年　　＝4,338千円

論理上減額されるべき金額は9,300千円である。
約8,000千円評価が低い結果となる。

ケース3）

　　岡山市、西部、郊外マンション、Sマンション

　　鉄筋コンクリート　10階建て

　　専有面積、82.17m^2（24.85坪）　郊外マンション、住宅系地域

　　1995年　取得価格　　　23,500千円

　　2004年　転売価格　　　15,250千円

　　下落率　経過年数9年　　8,250千円（64.9％ダウン）

　　土地代は23,500千円×25％＝　5,875千円

　　建物代　　　　　　　　　＝17,625千円

減価される金額

　　土地下落率を70％、建物税法上の減価償却法（定額法、47年）を適用すると

　　土地の減価額　5,875千円×60％＝3,525千円

　　建物　　　　　　　　　　　3,150千円

（内訳）

建物価格　17,625千円×残存価格（90％）＝15,863千円

　　　　　15,863千円×償却率（0.02）　　＝　　350千円（年間）

　　　　　350千円×9年間　　　　　　　　＝3,150千円

論理上減額されるべき金額は6,675千円である。

現実の下落率との差額は1,575千円である。

　以上について、土地の下落についてあまり大差は感じられないが、建物の減価額については税法上の償却を適用して適切であるかどうか、鉄筋コンクリートの建物が47年で消滅するのか、100年は十分使用できるのではないか疑問の余地がある。

　そのために管理組合が結成され、適正住環境の整備と、財産価値を下落させない努力を要請しているのであり、こうした論理上の減価だけで評価はできないのである。

　結論として、分譲マンションの土地価格の下落分が100％は影響しないこと、建物については法定償却を適用しても、現実の価格ほどの低下は考えられないことが明確になった。

第5節　中古マンション価格査定の課題

(1) 不動産情報（中古マンション）が少ないままの価格査定

　岡山の中古マンション価格査定について2つの課題を指摘したい。

　1つは、査定の方法が取引事例による査定が普通の価格査定方式であり、他の査定方法は適用されていない現状である。そして、その業務は宅地建物取引業者（不動産業者）で占められている。業務を行う、取引事例の選定をする場合は、「買い進み」「売り進み」の特殊事情がなく、通常の条件の下で取引された物件を選定しなければならないことになっている。市場において通常合理的と考えられる条件で決定されなければならない。即ち、適正な価格で取引された

物件であること、取引時点が過去1年間以内の物件であり、同種、同等、同類型の取引事例であり、同一方向、価格水準が同じ地域、マンション全体の規模・仕様が同じか類似、専有部分の状況が同等であることが求められる。

　ところが、その情報量の少なさにより、こうした条件を満たす取引事例が岡山の市場では極めて少ない状況にある。こうしたことから、価格査定が適正であるかが問題となる。筆者が多くの仲介業者から売買事例を集積しても、岡山のマンション仲介市場の10％程度しか集積できなかったことから、各々の業者自体での売買事例集積の情報量は少量にしか過ぎないはずである。そしてまた、その情報が「正常価格」であるか、「買い進み価格」「売り進み価格」であるかの選別をする必要な量にはならないのが現状ではないか。そして、こうした状態で「売り進み価格」が採用され査定されると、情報量の少ない現状から、次の査定も「売り進み価格」から採用され、またまた順次採用されて、低い価格で評価され流されてゆく。こうした現状を否定する材料は存在しない。むしろこうした現状が今の岡山の現状ではないか。

　それでは不動産鑑定士に依頼した場合はというと、ほとんど鑑定士に依頼されることはない。法人所有でなければ鑑定士に依頼をすることは極めてまれであり、皆無に近い。個人のマンション所有者は鑑定料が必要になるから依頼しないのである。もちろん、価格査定は種々の方法がある。家賃からの算定方式、収益還元法、原価法とあるが、マンションを売る人たちは、その査定価格に疑問を持っても、その理由を聞きただす知識と力がない状態である。

　この情報量の少ないことについては、岡山だけの問題ではない。日本全体の問題でもある。即ち、不動産流通情報がスムーズに運ばない仕組みになっていることが問題である。流通を阻害する法律が存在していることである。

　この現状打破のため政府（国土交通省）は情報公開を2003年に提唱したが、業者側の反対で一度頓挫した。しかし、2004年の後半、改めて情報公開を主張しはじめた。しかしこの案については、かなりの取引事例の修正がなされるようである。アメリカ、イギリス、フランス等の不動産金融が発展している諸国では、社会システムとして登記簿とのリンクで取引価格情報が整理されていることから見ると、わが国の情報が本当の意味で取引事例として成り立つのかいさ

さか疑問である。

いずれにしても、売買事例が正確に情報として透明化されなければ、日本における不動産情報が不透明なままで、顧客の信頼を失うことになる。

(2) マンション管理が価格に加味されていない

2つめは、「マンション管理」が中古マンション価格に反映されていないことである。マンションにとってはマンション管理が生命線であることは明白である。マンション管理について、先田政弘は『永住できるマンション』(2000.2.3) 日経ＢＰ出版センターで次のように述べている。

> 管理はマンションの建物の維持管理が重要な業務である。マンションは「快適性」「流動性」が生命線である。快適な住まいは何らの疑問の余地はない。流動性とは、一般的に資産価値のことでありこれを維持することがマンションの本当の「住みこなし」であると表現している。

ところが中古マンション売買に際しての管理に関する重要事項については、今回宅地建物取引業法の改正により、ようやく以前よりは管理状況が明らかになった。即ち共用部分の規定の定め、敷地使用権の規約、専有部分の利用制限、計画修繕積立金の事項、管理の形態、管理費等、かなり詳しくなった。しかし、それは当然の内容が明示されただけのことであり、管理の実態についてはほとんど無関心で、内容は理解されていない。しかも管理会社に仲介業者が照会しただけのものであり、管理の内容ではない。

管理では管理組合が本当の意味での管理に関心を持ち、「快適性」「流動性」（資産管理）をどのように行っているかが重要なことである。ただ単に分譲時に提示された管理会社に、言われるがままに管理費を支払っているだけで管理ができているとは言い難い。管理組合理事長を毎年１年交代で選出し、形式的な管理組合総会を１年に一度開催し、形式的に理事会を年に４回開催する管理組合は、マンションの特質であり特徴である「共有社会」「共同社会」「合意形成」を形成し、適正な管理を行っていることにはならないし、必ず近いうちに問題を起こすことになるはずである。

こうしたマンション居住者（所有者）の無関心、無理解は5年を経過しはじめると、問題提起の発火点となる。マンションの設備維持管理、修繕費問題が発生するのである。そして、大規模修繕が起きると、修繕費、管理が適正徴収であったのか、不足分が出はじめると、さらに問題が大きくなる。

また、中古マンションを購入した人は、マンションの修繕が必要な時期に遭遇した場合は、購入・入居と同時に修繕費の臨時徴収に出くわすことにもなる可能性がある。

こうしたことから、中古マンションは管理の状況が資産価値に大きく影響するのである。管理組合は何年、何月に玄関扉の修繕をした、一部階段手すりの回収塗装を行ったというように修繕履歴が管理組合の帳簿に記録され、大規模修繕の履歴も歴然と記帳されていれば、外観による見栄えと相俟ってその姿が理解されることになる。そして行き届いた管理組合であることが評価され、売却価格に反映されてくるのである。

中古マンションの価格査定について、価格査定を行う不動産仲介業者、不動産鑑定士の価格査定に管理に関するマニュアルの存在しないことも大きな問題ではあるが、マンション所有者の「快適性」「流動性」を求める姿勢の問題でもある。一戸建て住宅の管理の悪さから、価格が安く評価されるのは所有者個人の自己責任であるが、マンションは管理組合、即ち全員の責任になること肝に銘じる必要がある。

管理状況は誰が見ても、「良好である」、または、「不良である」といった判定ができるマニュアルも中古マンション流通には当然必需である。そしてこのマニュアルは業者側で判定するのでなく、第三者機関によるマニュアルであることが好ましい。

しかし、いずれにしても、管理に関してはマンション所有者自らが、自分の所有物に対して十分な管理をする意欲と意識を持つことが重要なことである。このことを疎かにすると、資産価値を減少させる行為につながることになる。

第4章 分譲マンションの特徴と問題点

第1節　一戸建て住宅と分譲マンションの根本的相違点

　一戸建て住宅との違いは構造的な違いでなく、住居の形態に大きな相違点が存在する。ところが普段の生活、または普段の取引においてこの違いを理解することなく、同等の住居として捉え、生活をするところに問題点の大きな落とし穴がある。

　何が一戸建てと違うのか、一言でいうと「共有」「共同」「合意形成」の3つが分譲マンションにはあることである。一戸建て住宅は土地も建物も自己の個人所有権であり、共同生活は要求されない自由な生活である（もちろん社会的には共同生活であるが）。住まいの生活の中で、他人との合意はあまり関係がない。

　マンションは一戸建て住宅とは異なり、集合住宅形式の住宅である。また、単なる集合住宅といえども賃貸の集合住宅とも異なり、区分所有され（区分所有法により）複数の所有者に所有される共有である。即ち一戸建てとは異なる住居形態を持った特殊な特徴を有する住宅である。一戸建て住宅は個人の所有であり、分譲マンションは複数の所有者との共有であること、即ち、一戸建て住居の財産管理はすべて自己責任であるが、分譲マンションは共同責任となる。そして、マンションは当然共有であるがために、その生活形態は共同生活が要求されることになる。マンション全体での共同の生活が必要であり、コミュニティ

を形成し、共同生活を営むことになる。これも一戸建てとは大きく異なることである。そして、この共同生活を行うのには、管理組合が結成され、その場での協議にすべて合意が必要となる、「合意形成」という民主主義の原点が必要になってくる。いわゆる多数決の原理が働くのである。一人反対しても、多数決には最終的には従わなければならない。

　この「共有」「共同」「合意」の3点が分譲マンションの大きな特徴であり、特殊性でもあるところから、これが理解できていないところで、マンションの問題点やトラブルが様々な形態で現れてきている。即ち、分譲マンションの特性、特徴を理解していないところに、大きな原因の1つが存在している。

　3点について説明をしてみよう。

　「共有社会」とは、区分所有法に基づく制限的所有権のことで、所有権が単独である一戸建て住宅とは基本的に異なる所有権である。分譲マンションを購入すると、直ちに区分所有者になるわけである。そして、区分所有者は専有部分という私的財産を所有するが、その一方で全然見知らぬ区分所有者（他の購入者と共同で）と敷地や建物の共有部分を共有することになる。登記簿が理解できる人はこの登記簿が普通の登記簿と異なることで、普通の一戸建て住宅とは違うというのを理解しやすいが、この登記簿を理解しない一般の人は何のことかわからないままに生活することになる。

　住居の内部など所有している部分を「専有部分」というが、専有部分は区分所有者個人の自由で改装ができる。一方所有者全員で使う、敷地、ベランダ、階段、廊下、エレベーター等は「共用部分」であり、全員の共有物である。だから勝手には改装、改変はできない。具体的にいえば岡山の分譲マンションの場合、専有面積は平均的に70m^2〜100m^{2}前後であり、共用部分の面積は平均的に約3,000m^{2}位ある。分譲マンションの場合、自己所有面積は僅かであり、ほとんど残りは共有共用部分であることがよくわかる。「共有」という言葉が納得できるのではないか。これが「共有社会」である。

　例として分譲マンションの中庭にある大きな樹木が台風で倒れ、1階付近の人たちだけでこの木を切断し処分したとする。この場合、厳密にいうと、この木は共有物であり、処分するには区分所有者全員の集まりである管理組合で承認を

受けることが必要になる。これが分譲マンションであり、共有社会なのである。
　次に共同社会について説明しよう。
　「共同社会」とは、一戸建て住宅と違いマンションすべてが共同社会をつくっているということである。それは所有権が共有であることから、マンション自体が共同で運営される仕組みになっているからである。つまり、区分所有者全員で共同して管理組合をつくって運営することである。
　共有社会だから必然的に共同社会になるのである。管理組合をつくることについてマンション購入者は理解しており、一度は役員をしなければならないくらいの知識はある。しかし、その原点である共同社会を形成するために管理組合があることが理解されていないふしがある。何をするための管理組合かということである。
　合意形成について説明しよう。
　「合意形成」とは共有社会であり、共同社会であればマンションの共用部分で行う行為はすべて全員の合意が必要になる。多数決とか5分の4の賛成とかによる決議が必要になる。即ち合意形成の前提は共同社会であり、共同社会であるがゆえに合意形成が必要になるわけである。しかし、マンションの合意形成は議案に賛成するだけでなく、実際に費用を負担する案件については、その費用の負担を個人が負担参加することが前提でなければならない。単なる「拍手の賛成」でなく「お金を負担する」という意味での合意形成である。つまり、普通の合意形成とはかなり異なる意味を持つのである。これについても大きな誤解があるのではないだろうか。この合意形成こそ民主主義の原点という表現すら存在する。
　こうした特殊な特徴が取引の段階（売買契約の時点、購入意思の確認時）で購入しようとする人たち（消費者）に理解されているのであろうか。新築であれ、中古であれ、分譲マンション売買契約には宅地建物取引業法の重要事項の説明がある。そこでは土地については共有持ち分についての説明もされているし、建物についても専有部分と共用部分の説明は当然なされている。にもかかわらず、問題が発生するのは、これらのすべての前提である「共同社会」の説明が省かれているのではないか。

新規分譲マンションの販売業者は重要事項説明書の中で法律的には十分説明している。しかし現実には購入者（消費者）にはあまり理解されていない。このギャップはどうしてなのか。これには購入者（消費者）が法律に疎く、さらに知識が少なく、また知ろうとする力すら少ない等の問題がある。中古マンションについても同様な現象がある。
　「共同社会」などと説明はしていない。また、法律的にも説明義務もない。重要事項の説明では特殊的特徴の3点「共有社会」「共同社会」「合意形成」の説明義務もない。
　別の側面、購入者側から見ると、初めて聞く言葉「専有部分」「共用部分」について、こと細かく説明を求める勇気などもない。すべて購入時点、契約締結時点での説明であるから、ある意味では突然の法律用語での説明でもある。重要事項の説明書を読んで理解できる一般の人は何人いるか甚だ疑問である。
　契約時に販売業者、仲介業者より宅地建物取引業法第35条及び第35条の2の規定に基づき説明するといわれて、かつまた、所有権、地上権、敷地権、共有持分、登記簿、専有部分、共用部分、共有持分、登記名義人、登記簿記載事項、都市計画法、建築基準法等々の言葉は購入者（消費者）にとっては初めて聞く言葉である場合が多過ぎるのではないか。これで説明義務を果たしたといえるのかという気がする。
　少なくとも、この3点について分かりやすく説明すれば、その後におけるマンショントラブルの一端は防止できるはずである。
　分譲マンションは管理組合をつくり、それに加入することは印鑑を押印し、その組合員になり、かつ役員の順番が10年間に一度は回ってくるということまでの認識はある。しかし、それが共同社会であることの認識とは異なっている。即ち、購入者（消費者）は購入前に「私はあまり周囲の人たちと接するのが得意でないからマンションを選んだのです」「ドア1つでプライバシーが守られるからマンションを購入したのです」と言い、そして営業関係者はその答えとして、「マンションは鍵1つで近所付き合いも要りません」「他人との接触もなく、鍵1つで快適で便利な生活ができます」という顧客に対して媚を売る表現がなされている。共同生活であるなどとの説明はほとんどされていない。

新築マンションの場合、少なくとも5年から10年近くは大きな修繕工事もなく、また、生活するのにもまったく不自由さは感じられない。他人との接触もしなくても、大きな不都合はない。ところが、10年経過するか、それまでに住まいの環境に変化が出てくると、共同生活であること、共有社会、合意形成が問題点として芽生えてくるのである。
　中古マンション購入者は、その特徴・特質について理解がないと、コミュニティに入ることができず、戸惑うばかりである。また、修繕費の積立金が少ないマンションの場合は、何も知らずに購入したばかりに、直後に修繕費の徴収をされることにもなる。管理費だけでなく、修繕費積立金の積立残高の確認も必要になる。
　新築販売業者と同様に、中古マンションの仲介業者によるこの特質・特徴の説明不足は、入居後の生活に大きく影響するのである。しかし仲介業者も新規分譲業者と同じように、重要事項の説明は当然している。新築マンションと同じ理由により、購入者（消費者）にはそれが理解されていないのが現状である。
　管理組合員が分譲マンションの持つ特質、「共有社会」「共同社会」「合意形成」を理解していると、組合活動もスムーズにことが運ぶはずである。ところが、この理解がない、あるいは少ないことが問題を大きくして、マンション問題、管理問題として大きく提起されている。
　そして分譲マンションの管理とはどういうものか、何のために管理組合をつくり運営するのかが不確定であり、この焦点が不鮮明ではないか。
　管理組合をつくる目的とは何か。これは区分所有者が全員で参加することであり、義務づけられている。全員参加しなくてならない。
　管理組合とは別に自治会、町内会というものがある。この自治会・町内会は地域住民のコミュニティ活動のための団体である。管理組合は区分所有者のために共有する財産の維持管理をする団体である。この違いが明確にされていない場合が多い。明確にするのはその予算額である。例えば町内会の会費は一世帯当たり年間5千円とすれば100戸で50万円である。しかし管理組合費は月額1万円、修繕積み立て金7千円とすると、一戸当たり年間20万4千円、100戸では2,400万円にもなる、高額な金額である。極端にいうと、自治会役員は失敗し

ても、金銭的には大した迷惑にはならないが、管理組合役員の失敗は多大の損失になる。両者では大変な違いがある。

　そして管理組合は何をするのか。管理組合の規約には共同の利益を増進し、良好な住環境を目的とするとしている。これはいったい何であるか。

　いろいろあるが、やはりその1つは「快適な住まいを」目指すことである。そして2つめには「資産価値を保つ」ことが重要である。先田政弘によれば、「そしてその2つの目的を達成するためには、次の3点が重要になる。『機能の維持』『環境の維持』最後に『合意形成の維持』と提唱している。

　この3点について説明してみよう。

　「機能の維持」とは分譲マンションの建物、設備、そして付属施設等をさす。即ち屋根（屋上）は雨水を防ぎ、エレベーター、給排水施設、電気等すべての機能が故障したり、失われたりしないように維持管理することである。そして30年前に分譲されたマンションは30年前のニーズにより建設され、機能を持っている。しかし現在では住まいのニーズは大きく変化している。この変化に対して、可能な限り機能を変化させ、現代または、将来の生活が要求する機能を満たさなければならなくなる。そのために長期修繕計画、長期改造計画等を作成し、機能を保持しなければならないのである。

　「環境の維持」では、環境悪化したマンションに住みたいとは誰も思わないのであるから、敷地内の樹木は手入れし、緑を保持し、遊具の付いたマンションは安全に遊べることが当然であり、不法駐車の禁止等環境を良好に維持することが重要である。

　「合意形成の維持」とは、定められた多数決の原理をいつまでも持ちつづけることである。

　例えば、エレベーターが故障したとする。このとき管理組合はどのような手順が必要になるのか考えてみよう。

・運転の可否をメンテナンス会社に確認、補修、あるいは付け替え等の確認
・補修の場合はその費用の見積書の依頼
・補修する場合、その費用払いをどうするか、議案を作成し、臨時総会開催
・総会の決議が必要

・会費徴収
・着工
・完了検査後支払い

すべて管理組合の合意が必要になる。そして、こうした行為がいつまでもつづけられなければならないのである。

第2節　問題点と解決の一端について
　　　（本質理解について）

　1つめの問題点として、分譲マンションの特質、特殊性等の本質理解の問題点、2つめとして、中古マンション流通の問題点を提起し、その解決の一端を提示したい。

(1) 分譲マンションの特性、特殊性の不完全情報による問題点
　第3章で述べたごとく、3つの特徴、特殊性についての説明不足から、種々の問題が提起されている。しかし問題点の3点をすべて説明するべきであるが、顧客（消費者購入者）はあまり関心がない、購入者はマンションの夢を追い求め、その反対側の3点を強調する販売主もいないのが現状である。
　マンション問題、マンショントラブルは大都市圏では度々問題提起がなされている。これらはいつでも付きまとうものではない。それはマンションの特質、特徴、特殊性等を理解せず、普通の一戸建て住宅と同様に考え、この特質、特殊性、特徴を有していることを知らされず、また知ろうとしないことが大きな原因の1つである。
　斎藤弘子はマンション問題が種々の時点（建設時、分譲時、管理時、流通時、更新時、建て替え時等々）で問題が提起されると提唱している。『マンションを100年もたせる』平成14年5月10日、(株)オーム出版社。
　マンション問題は構造的に鉄筋コンクリート造りの建設問題、区分所有法という法制度上の問題点、それと家族構成の変貌を中心とする居住形態の問題点

の3点を時代的課題を内在させたまま、50年に満たない短期間に大きく普及されてきた。マンションは地方都市岡山でも次第に増加している。これらはマンションを時系列的視点から見ると同時に、横断的に見る視点を要求している。岡山における初期のマンションは、40年代の後半から極めて多様な展開をしており、その多様性を時系列な視点に対して横断的に重ね合わせる必要がある。そして、岡山の場合、マンション初期の時期を除き、マンションブームが形成されてきた時期から、「仮住まい的」感覚が減少し、「永住できるマンション」としての性格が大きくなってきた。そうした面から岡山のマンションを消費者の視点から見た場合、どのような問題があるのか、それがなぜ起こるのか、問題を少なくする方法はないのか、または予防できないかについて、種々あるが、筆者は消費者（購入者）視点から、岡山においてこれから発生する可能性のある問題の一端の解決法を提言する。

　その一番の大きな、また、基本的な原因の1つは分譲時、または中古マンション購入時に発生している。

　最初の分譲マンション業者から消費者（購入者）への説明不足が最大の原因でもあり、問題点である。しかし、そうとばかりはいえないところがある。消費者（購入者）が本気で聞こうとしていないことも事実である。なぜなら、説明自体が理解できないからである。

　共有は当たり前のことであり、登記簿を見れば分かること、問題は「共同社会」をどのように説明するのかが問題である。共同社会こそ社会生活の基本である。

　「集まって住むことは楽しいな」という気風を育てることが重要である。とにかくマンション生活は、いたずらにその団体生活の難しさ、煩わしさが強調されるので、その反動として共同生活を無視した、あるいは、共同生活を否定するような説明すらして販売されている現状については、これを大きく変更して、新しいインパクトを生むキャッチフレーズとか、楽しい集団生活のコメントを試作することが重要である。

　「集まって住むことは楽しい」という発想の転換こそが必要である。集まって住む煩わしさを知恵と努力で克服し、集まって住む楽しさを共有できるシステ

ム、仕組みを考えることである。販売会社は売ることだけでなく、この住む楽しさの創造に力を入れることにより、「客への媚び」とか「欺瞞行為」が除かれ、本当の住む楽しさの追求になるのである。そうでなければ、「運命共同体」などという大きな誤解を生む言葉が大きな声として反響してくることになる。

　マンション生活には、「掃除は自分の部屋の中だけ」「ごみは置き場に出せばOK。ビン、缶などの選別等の煩わしい作業はない」「管理人がいて、かつオートロックで安全である」「玄関が豪勢」「ベランダのある生活」等の種々の快適さがある。そしてマンションの設備の豪華さ、時代の最先端、システムキッチン、家電機器、水栓金具、バスタブ等も快適さの典型である。しかし、住まい方についてのシステム開発に努力することが必要ではないか。

　すべて世間は共同して生きていかなければならないのである。国際的に見ても、日本全体から見ても、住まいのプライバシーも当然守られなければならないが、生活はお互いが助け合ってしていくものであり、一人だけで勝手にできるはずがない。

　こうした当たり前のことが分譲マンションになると別な側面から見られ、「鍵1つで他人との接触なく、煩わしいことはない」のように共同生活を否定するかのような営業関係者の表現があり、入居した後にギャップを感じることになるだけでなく、合意形成ができ難くなり、売却するということにもつながることになる。しかし、これでは終わることなく、この売り出されたマンションの次の購入者もまた、このことへの理解がなく住みつくことにより合意形成がどんどんとおかしくなっていくのである。

　関東大都市圏の建て方別では、共同住宅の割合は55％にも増加して、マンション問題が数多く提起されている。その原因は種々あるが、何よりも共同社会であることの説明が不透明であるために起こる問題、共同生活の基本であり、他人に対する思いやり、気遣い等の欠如が大きな原因の1つであるといえる。かつての上下階の騒音問題を含むトラブルなどは、この共同生活の基本が考慮されていないところに問題がある。

　岡山においてマンション生活者は全世帯数の未だ僅か2％にも満たない状態である。今のうちにこの分譲マンションでのすばらしい快適なマンションライフ

（少なくとも10年間は）と本質的に一戸建てと異なる住居の形態であることを理解させることである。

　マンション販売業者、購入者、そして岡山県、岡山市、倉敷市等のマンション担当者にマンションのすばらしい快適さと同時にマンションの持つ、特殊性3点を理解させることが、大都市圏において提起された問題を防御する最良の方策である。

　分譲マンションとは、「多くの人が集まって住む、楽しいすばらしい楽園である」ということを率直にマンション販売業者が訴えるシステムを早く作り、購入者もただ見かけだけの豪華さ、すばらしさだけでなく、このマンションの特徴を理解するように勉学し、販売業者、仲介業者は分かりやすく説明することにより、問題が少なくなるのである。

　昨今、社会現象として、他人に対しての思いやりがなくなり、自分勝手な行動等が目立つ世の中である。電車の中での中・高生の化粧、車内の床にべったりと座り込むことなど、目に余る行為がある。こうしたことも、子供の頃から社会共同体の中で、挨拶運動、ドアの開け閉め、他人を気遣う等により、社会性が自然と身につくことでなくなるのではないだろうか。そこがまた、共同体のすばらしいところである。

＜解決策の一端＞
　問題解決の一番の課題は、購入希望者、購入者のマンション知識の啓蒙があげられる。マンションの本質、特徴を理解して、その楽しさを得るための共同生活がいかに重要であるかを、判別できることである。

　マンション販売業者が「集まって住む楽しさ」をキャッチフレーズにそのソフト開発を行い、分譲マンションの楽しい、豪華な、華やかな快適性をうたうとともに、この特質特徴を分かりやすく説明することが、これからの大きな開発業務になってくる。それが販売業者の大きな差別化につながるものである。

　岡山のマンションの発展の歴史から見ると、大都市圏の公社・公団等の団地型からの発祥とは大きく異なり、岡山のマンションの特徴はあくまで、民間主導の小規模マンションである。そして、「仮住まい」型から、「永住型」に変化

し、新しい住居の形態として次第に大きなウエイトを占めてきている。

　こうしたことから、分譲マンションの特質・特徴を購入者によく理解させ、また、分譲業者は理解をさせるようにしなければ、5年、10年後には、大げさに表現すると、社会的マンション問題を提起することにもなる可能性が潜んでいるのではないか。

　岡山県、岡山市、倉敷市の地方公共団体にマンション担当者が設置された。この部署はマンション問題の窓口の1つでもあるはずである。この部署で問題を解決するとか、問題の窓口になったとしても、解決には程遠い存在である。なぜならこれは管理組合員の問題であり、行政の窓口では問題解決に簡単には応じられる話ではないからである。そうだとすればその解決策の1つである、共同生活、共有生活、合意形成が分譲マンションの特徴・特質であることの理解に特化して、活動されることを提言したい。問題発生を事前に防止することが、このマンション問題の一番大きな事項である。

(2) 中古マンション流通の問題点
　① 購入時の問題点

　　特徴・特質・特殊性の理解については、分譲マンション業者から直に購入する段階での問題点は前項で指摘した。

　　中古マンションを購入する場合の問題点は何か。中古マンション購入時の問題点も新築時と同様である。本質理解が仲介業者に依存されるからである。新築時のマンション販売業者と同様に中古マンションの場合は仲介業者が介在するので、この業者からの説明が重要な要素となる。即ち、説明責任者が分譲業者から仲介業者に変わるのである。

　　中古マンションの価格問題について、以下のことが指摘される。

　　・本体価格の価値判断（経過年数、立地の条件が大きく作用し、建物性能、維持管理が価格に反映しない）
　　・管理面の評価がなされているか
　　・価格査定の原点である、売買事例が少なすぎて、適正な評価ができない怖れあり（流通を阻害する要因、宅建法による公開阻害。情報が開示さ

れていない）
- マンションの本質理解
- マンションの仕様・性能等情報
- マンション生活、メンテナンス方法、居住に必要な情報量が少ない
- 中古マンション購入希望者自らが事前に情報収集できない（業者頼みである）
- 中古マンションの現状の把握ができない（性能情報等）。客観的判断基準、指標がない
- 過去の修繕履歴等の「生まれた情報」が把握できない（修繕履歴、閲覧）
- 購入者に対して客観的情報を収集する専門的機関や専門家がいない
- 第三者による価格査定、評価が行われていない
- リフォーム体制の未整備（リフォーム状態と価格が連動していない）
- マンションの共用部分（躯体状況を含めた情報、修繕履歴情報のストック開示）情報
- 管理組合運営方法の開示（マンションライフの事前準備に役立つ総会予定日、大規模修繕計画）
- 消費者への居住不動産教育

＜解決策の一端＞
① 中古マンション売買時に検査・性能評価を行い、当該建物のその時点での性能を客観的に評価できる仕組みを作る第三者機関が必要になる。
② 建物の「初期性能」と中古売買時点の「維持管理履歴」から当該建物の性能などを評価する評価システムを作る。
　この市場整備のため、中古マンションに関わる情報を整理し、開示し、透明化して、その上で中古マンションの性能が適正に評価されて、適正価格を形成することである。
③ 現状がつづくと中古マンションは経過年数だけで評価され、資産価値が極端に減少し、マンション寿命35年、40年説でその価値は皆無になってしまう。そして、40年以上経過したマンションはただ同然の廃墟となる。こ

のことはマンションという社会資本が全滅し、岡山県のみならず日本全体での社会問題にまで発展する。

経過年数の短絡的な評価でなく、管理面を十分評価するシステムを構築することである。そしてこのことはマンション居住者自らの意思で表現できなければならないことでもある。自らの資産は自らが管理して保持することである。

<参考文献・引用文献>

森田義男『公示価格の破壊』2001年1月28日、(株)水曜社
山岡淳一郎『マンションが廃墟になる日』2004年4月5日、(株)草花社
リ・ユース住宅購入融資編「平成14年公庫融資利用者調査報告」
島田晴男編集「住宅市場改革」2003年8月22日、東洋経済新報社
『岡山住宅マイスタープラン』平成13年5月作成
委員長稲本洋之助『中古住宅とその市場はどうあるべきか』報告と提言、財団法人全日本不動産協会、紀尾井町フォーラム、2002年5月
「マンション学」第15号、2003年4月1日発行
先田政弘『永住できるマンション』1997年7月26日、日経BPセンター
先田政弘『永住できるマンションパート2』1998年7月17日、日経BPセンター
中島ゆう一『マンションの資産価値を高める本』2000年10月20日、(株)講談社
山畑哲世『マンション管理は幻想か』2004年4月26日、不磨書房
国土交通省住宅局整備課、マンション対策室「平成15年度マンション総合調査結果報告書」平成16年2月
西村清彦・浅見泰司・志村千弘「不動産市場の経済分析」第5章不完全情報がもたらす損失、東京住宅市場への計測、2002年5月20日発行、日本経済新聞社
日本マンション学会マンションストック評価研究会「マンションを100年もたせる」―ストック時代のハウジング―、平成14年6月10日、(株)オーム社
斎藤広子編集「ステップで学ぶマンション管理」2003年5月1日、(株)彰国社
藤木良明編集「21世紀の都市居住」2002年6月23日、(株)スペースユニオン

別表　マンション一覧表

No	マンション名	所在地	総戸数	販売戸数	構造	敷地面積(m²)	平均面積(m²)	平均価格(万円)	坪単価(円)	最小面積(m²)	最大面積(m²)	最低価格(万円)	最高価格(万円)	最多価格帯(万円)	完成年
1	NKB仙下コーポラス	内山下13-15	31	31	鉄骨鉄筋コンクリート造10階建	650.00	48.45	600	300,000	40.00	60.00	550	900	800万円台	1970年10月
2	角南豊成フォートレス	豊島都多喜花院南	32	32	鉄骨鉄筋コンクリート造9階建	727.54	41.38	269	214,713	37.89	42.54	260	280	260万円台	1970年9月
3	サンコーポいわい	磯井字中15	158	158	鉄筋コンクリート造5階建	4,615.31	61.98	833	406,532	49.77	96.60	450	1,350	700万円台	1970年3月
4	角南春日フォートレス	内田字龍王田62番8	21	21	鉄骨コンクリート造9階建	248.81	44.91	574	422,595	35.83	68.80	425	897	600万円台	1970年5月
5	倉富井フォートレス	倉富屋字南西前下20-1	64+6	64	鉄筋コンクリート造9階建	1,454.68	44.33	456	339,795	32.90	53.20	295	595	400万円台	1970年6月
6	大安寺サンハイツ	大安寺南町2丁目1139	13	13	鉄筋コンクリート・鉄骨鉄筋コンクリート造10階建	1,096.96									1970年6月
7	メゾン岡山	国富85	91	91	鉄筋コンクリート造(RC造)10階建	3,021.21	73.72	857	408,268	60.32	106.50	690	1,370	700万円台	1970年6月
8	ニュー岩井マンション	西崎1丁目2-22	44	44	鉄筋コンクリート・鉄骨鉄筋コンクリート造9階建	580.00	55.00	600	400,000	40.00	70.00	450	800	700万円台	1970年12月
9	チサンマンション岡山	田町1丁目2-地	124	124	鉄骨鉄筋コンクリート造9階建	757.38	44.55	862	639,342	20.51	81.44	310	1,655	1,000万円台	1970年12月
10	第2春日フォートレス	春日町番21号	16+4	16	鉄骨鉄筋コンクリート造9階建	296.76	53.07	807	502,827	44.29	78.67	635	1,200	700万円台	1970年12月
11	両備ハイマート	津島226-1	48	48	鉄筋コンクリート造9階建	2,517.02	89.39	1,500	555,000	80.04	110.59	1,200	1,840	1,300万円台	1970年2月
12	旭川ハイツ	高屋字由ノ72-地	80	80	鉄骨鉄筋コンクリート造9階建	4,832.01	69.23	800	500,000	69.23	69.23	700	1,100	800万円台	1970年3月
13	原尾島セントラルハイツ		10	10	鉄骨鉄筋コンクリート造9階建	390.08	80.49	1,280	525,901	80.49	80.49	1,260	1,300	1,200万円台	1970年10月
14	メゾン後楽園	出石町3-7-1	12+3	12	鉄骨鉄筋コンクリート造9階建	361.11	72.63	1,513	688,420	58.37	86.89	1,100	1,925	1,400万円台	1970年10月
15	プレジデント後楽園	浜学下六の所8-1	92	92	鉄骨・鉄筋コンクリート造9階建	3,514.10	86.98	1,696	644,439	75.25	110.70	1,400	2,340	1,700万円台	1970年12月
16	シャトレハイツ津島	津島福居1丁目838-2	91+1	91	鉄筋コンクリート造9階建・地下1階	4,335.72	60.56	1,328	725,136	54.45	71.19	1,150	1,600	1,100万円台	1970年6月
17	サンポ井旭川マンション	中鶴町141番	55+4	55	鉄骨鉄筋コンクリート造10階建	880.35	56.14	1,278	752,251	42.21	70.08	985	1,570	1,500万円台	1970年9月
18	弓之町マンション	弓之町2-107	53	63	鉄筋コンクリート・鉄骨鉄筋コンクリート造8階建	498.33	50.30	1,184	705,207	38.25	60.66	700	1,410	700万円台・1,000万円台	1970年10月
19	ホーナメンツおおやま	東古松4丁目8番10号	88	88	鉄筋コンクリート造9階建	1,276.08	52.66	1,249	784,093	29.93	61.55	680	1,540	1,300万円台	1970年11月
20	エバグリーン野田	野田3次3地	14	14	鉄筋コンクリート造9階建	390.00	55.25	700	600,000	45.92	60.42	500	1,000	750万円台	1970年3月
21	原尾島サーデンマンション	原尾島3丁目126	31	31	鉄筋コンクリート・鉄骨鉄筋コンクリート造10階建	720.00	60.00	1,000	550,000	50.00	70.00	900	1,100	1,000万円台	1970年9月

別表 119

22	シャンティ田町	田町2丁目14番18	14	14	鉄骨鉄筋コンクリート造9階建	400.00	55.00	600,000	45.00	65.00	650	1,000	800万円台	1979年6月
23	ファミー儿岡山	浜垣21	168	168	鉄筋コンクリート造7階建	7,255.93	76.50	650,233	71.48	87.11	1,395	1,700	1,500万円台	1979年9月
24	エバグリーン内山下	内山下1丁目821	53	53	鉄筋コンクリート造10階建	634.90	39.41	553,000	34.45	44.38	580	750	600万円台	1979年3月
25	エバグリーン泉田	泉田字二ノ押17	38	38	鉄筋コンクリート造11階建	1,777.26	58.70	467,102	56.00	70.00	690	1,040	700万円台	1979年3月
26	エバグリーンつやい	下伊福上町17-10	24	24	鉄骨鉄筋コンクリート造9階建	761.41	59.77	550,000	56.77	60.56	935	1,020	900万円台	1979年12月
27	京町マンション	京町	19	19	鉄筋コンクリート造9階建	283.63	36.21	845,000	15.81	94.4	478	2,571	1,500万円台	1979年3月
28	桂林廣どル	古京町1丁目8			鉄筋コンクリート造7階建	296.99								1979年6月
29	サニーハイム岡山	大供表町28番地10	68+7	68	鉄筋コンクリート造11階建	1,701.62	83.60	879,449	68.70	99.09	1,760	2,600	2,100万円台	1979年3月
30	津島サンコーポ	津島郊1丁目9-21	68	68	鉄筋コンクリート造9階建	1,734.54	33.86	650,000	14.58	82.94	300	1,640	1,000万円台	1979年5月
31	厚生町マンション	厚生町2丁目3-1他	69	69	鉄筋コンクリート造9階建・鉄骨コンクリート造	1,630.52	70.75	699,044	63.10	77.80	1,154	1,789	1,600万円台	1980年2月
32	サーパス門田屋敷	門田屋敷町1丁目135-2	15	15	鉄筋コンクリート造7階建	1,116.80	108.31	987,370	94.93	121.69	2,670	3,800	3,400万円台	1980年3月
33	岡南ガーデンマンション	十日市中町131	88	88	鉄骨鉄筋コンクリート造9階建									1980年3月
34	門田屋敷マンション	門田屋敷1丁目39-1	36	36	鉄筋コンクリート造11階建	908.52	72.78	947,096	68.3	77.02	1,677	2,343	2,200万円台	1980年3月
35	エバグリーン柳町	柳町2丁目10-4	62	62	鉄筋コンクリート造9階建	919.38	63.81	824,732	56.02	74.86	1,210	1,670	1,400万円台	1980年3月
36	南がたパーク・マンション	南方7丁目370番1	34+4	34	鉄筋コンクリート造9階建	834.25	74.94	808,463	67.20	94.34	1,420	2,295	2,200万円台	1980年6月
37	シティマンション国富	国富1丁目2-47	20	20	鉄骨鉄筋コンクリート造9階建									1980年11月
38	第一厚生町マンション	厚生町3丁目7他	44	44	鉄筋コンクリート造10階建	2,143.29	88.24	802,908	74.89	97.02	1,777	2,432	2,200万円台	1980年12月
39	津島南サンコーポ	津島南1丁目3-46	15	15	鉄筋コンクリート造9階建	848.82	80.66	985,282	77.98	99.35	2,285	3,200	2,300万円台	1980年5月
40	ナカンマンション中山下	東中山下1丁目10-番	44+5	44	鉄筋コンクリート造10階建	496.09	26.83	1,362,977	23.60	47.71	970	1,800	1,000万円台	1980年5月
41	番町パーク・マンション	弓之町3-22	17	17	鉄筋コンクリート造10階建	432.90	76.48	935,654	65.52	86.21	1,735	2,595	2,000万円台	1980年5月
42	コーポ野村運動公園	南方7丁目498-2他	47+2	47	鉄筋コンクリート造9階建	1,208.22	75.48	842,975	72.81	80.57	1,665	2,270	1,800万円台	1980年6月
43	サンハイム厚生町	厚生町2丁目15-1	58+3	58	鉄筋コンクリート造10階建	1,017.49	74.34	922,045	65.57	82.80	1,490	2,370	1,800万円台	1980年5月

#	物件名	所在地	階数	戸数	構造	敷地面積	建築面積	延床面積	容積率	建蔽率	専有面積	分譲価格	分譲時期
44	シティマンション岩田	岩田町3-13	27	27	鉄筋コンクリート造11階建	496.21					1,220	1,480	1,200万円台	1982年9月
45	ベルメゾン東平井	平井18-1	24	24	鉄筋コンクリート造11階建	1,370.93	80.94	1,338	546,301	74.46	87.41	1,510	2,460	1,800万円台	1988年3月
46	北方マンション	北方3丁目188-1他	74	74	鉄筋コンクリート造11階建	3,287.24	82.58	1,875	750,417	70.80	105.12	1,315	2,750	1,400万円台	1988年6月
47	コープ野村京山	京山1丁目1452-2	56	56	鉄筋コンクリート造11階建	908.44	71.80	1,802	829,416	57.62	89.81				1985年10月
48	シティマンション桑田	桑田町30	67	67	鉄筋コンクリート造11階建	1,261.90					1,700	1,950	1,800万円台	1988年12月
49	シティマンション伊島	伊島北町3-4	20	20	鉄筋コンクリート造11階建	798.00	75.84	1,800	785,000	70.35	78.6	1,260	1,830	1,400万円台	1988年3月
50	ベルメゾン東光園	倉田88-4	24	24	鉄筋コンクリート造9階建	1,556.32	90.38	1,533	560,514	76.83	93.61	1,375	2,180	1,500万円台	1988年6月
51	コープ野村枝川公園	南中央町7-109	26	26	鉄筋コンクリート造9階建	467.54	67.53	1,741	852,268	61.04	79.64	1,345	1,915	1,300万円台	1988年9月
52	エバグリーン奥田	奥田1丁目6番	42	42	鉄骨鉄筋コンクリート造11階建	1,522.40	68.92	1,485	712,300	61.6	82.22	1,395	1,965	1,400万円台	1988年9月
53	コープ野村西古松	西古松2丁目	56	56	鉄筋コンクリート造9階建	1,535.20	70.92	1,680	783,188	64.68	80.1	1,515	2,555	1,500万円台	1988年9月
54	桑田パークマンション	桑田町4-27	50	50	鉄筋コンクリート造11階建	1,048.65	74.31	1,817	808,091	66.48	94.12	690	820	600～800万円台	1988年9月
55	アルファ富田町	富田町1-23 01他	36+3	36	陸式コンクリート造・議会鉄筋コンクリート造11階建・地下1階	274.69	21.95	762	1,146,936	19.66	23.97	1,110	1,890	1,300万円台・1,500万円台	1988年3月
56	ベルメゾン東光義歳	豊成3丁目17-129	24	24	鉄筋コンクリート造11階建	998.70	70.71	1,528	714,550	50.08	85.95	1,110	2,315	1,400万円台	1988年9月
57	大学町パークマンション	大学町1番101	26	26	鉄筋コンクリート造11階建	485.28	68.57	1,746	841,789	49.94	82.39	1,655	2,575	1,900万円台	1988年9月
58	コープ野村ソシエ厚生町	厚生町3-66	20	20	鉄筋コンクリート造10階建	957.43	81.57	2,198	890,840	68.21	91.07	1,895	2,600	1,900万円台	1988年11月
59	コープ野村伊島コートハウス	伊島町2丁目10-15	23	23	鉄筋コンクリート造11階建・地下1階	1,297.90	79.79	2,245	930,043	72.44	94.25				1988年9月
60	グリーンピア医大前	大供1丁目6-101	30	30	鉄筋コンクリート造10階建						1,250	2,890	1,800万円台	1988年2月
61	ファミール桑田町	桑田町26-2	70	70	鉄筋コンクリート造11階建	1,314.76	70.65	1,800	900,000	58.20	110.10	1,380	1,890	1,600万円台	1988年9月
62	ベルメゾン東光食田	倉田020	24	24	鉄筋コンクリート造9階建	1,799.95	84.29	1,658	650,250	71.06	92.07	1,600	2,470	1,900万円台	1988年11月
63	グローバル原尾島	東川原川田028-3他	70	70	鉄筋コンクリート造9階建	4,022.09	79.40	1,990	847,210	67.27	91.54	1,935	2,450		1987年3月
64	ノーブルハイツ中島	中島町131	18	18	鉄筋コンクリート造9階建	475.34	77.93	2,117	905,000	77.93	77.93	1,590	2,250	1,700万円台	1988年9月
65	サンパス芳田地区	新保008-1	25	25	鉄筋コンクリート造9階建	1,114.76	79.62	1,880	780,528	71.39	88.67				

別表　121

66	エメラルドマンション豊成	豊成丁目6-16	27	27	鉄筋コンクリート造9階建	1,099.45	72.08	1,418	650,441	68.34	76.75	1,340	1,520	1,400万円台	1986年9月
67	エメラルドマンション袖崎	袖田町17目14	19	27	鉄筋コンクリート造10階建	835.8	78.66	1,590	668,240	68.57	99.80	1,390	1,990	1,400万円台	1986年12月
68	ファミー大大西	西之町7丁他	33	19	鉄筋コンクリート造10階建	1,336.51	77.76	1,924	817,824	64.24	97.56	1,490	2,790	1,700万円台	1987年1月
69	グリーンピア大元西端	大元端1旭番5	71	33	鉄筋コンクリート造10階建	2,582.82	65.02	1,600	813,601	58.22	80.90	1,400	2,360	1,400万円台	1987年12月
70	サーパス東古松	東古松2261	119	71	鉄筋コンクリート造10階建	3,138.50	55.98	1,886	1,010,000	61.43	88.03	1,400	2,360	1,800万円台	1988年2月
71	グリーン柳町	柳町2丁目4-15	9	119	鉄筋コンクリート造9階建	370.99	130.80	7,394	1,868,841	130.80	138.80	7,100	7,500	7,400万円台	1988年12月
72	シティハイツ野田公園	野田石橋3221	8+3	9	鉄骨・鉄筋コンクリート造9階建・地下1階	2,124.00	70.80	2,355	1,100,000	58.42	83.19	1,900	2,800	2,400万円台	1988年6月
73	アルファガーデン東山公園	東山1丁目8-11	8	84	鉄筋コンクリート造10階建	497.13	96.10	3,551	1,221,673	87.44	119.35	3,000	4,500	3,700万円台	1988年9月
74	エメラルドマンション古京	古京町1-1751	33	8	鉄筋コンクリート造10階建	1175.64	66.43	1,970	980,225	57.95	74.59	1,490	2,530	1,600万円台	1988年6月
75	ライオンズマンション南央	南中央町5番	42	33	鉄筋コンクリート造10階建	804.39	63.03	2,403	1,260,280	46.75	130.37	1,990	5,780	2,500万円台	1988年12月
76	エメラルドマンション緑	福島2丁目9番5他住棟	37	42	鉄筋コンクリート造9階建	1,508.96	69.28	1,649	786,677	65.03	76.07	1,380	1,880	1,500万円台	1988年10月
77	エメラルドマンション青江	青江3丁目-6	29	37	鉄筋コンクリート造9階建										1988年10月
78	グリーンピア豊成	豊成2351-4	24	29	鉄筋コンクリート造9階建	1,005.39	74.79	2,020	817,000	58.46	99.49	1,490	2,770	2,200万円台	1988年12月
79	アベンテ岡山16番館	奥田丁目308-1他	29+1	24	鉄筋コンクリート造10階建	1,195.80	73.42	2,205	992,692	64.41	84.16	1,880	2,590	1,900万円台	1988年6月
80	ライオンズマンション中山下	中山下2丁目5番1他	51+2	29	鉄筋コンクリート造10階建	424.34	32.79	2,109	2,126,490	26.06	79.12	1,470	4,590	1,500万円台	1988年6月
81	朝日プラザ中山下	中山下2丁目3119他	100	51	鉄筋コンクリート造10階建	586.67	24.56	1,614	2,172,900	19.17	100.47	1,380	6,880	3,000万円台	1988年9月
82	サーパス西古松	西古松西町5112	110	100	鉄筋コンクリート造10階建	2,681.08	69.02	2,010	962,710	55.75	82.29	1,440	2,580	2,000万円台	1988年6月
83	ライオンズマンション鳳医連	奥田丁目5番	35	110	鉄筋コンクリート造10階建	746.77	38.00	1,411	1,227,900	38.00	38.00	1,370	1,460	1,400万円台	1988年9月
84	シティコート青江	青江1丁4	53	35	鉄筋コンクリート造10階建	1,828.00	64.96	1,829	930,800	56.00	75.70	1,450	2,280	1,800万円台	1988年7月
85	藤和ハイタウン中島田	中島田町2丁目	50	53	鉄骨鉄筋コンクリート造9階建	1,853.25	69.60	2,252	1,069,400	61.06	76.94	1,794	2,747	2,300万円台	1988年12月
86	南グリーンズマンション伊島	伊島町2丁目27他	21	50	鉄筋コンクリート造10階建	176.25	91.05	4,417	1,603,603	82.54	107.12	4,100	5,250	4,500万円台	1988年7月
87	ライオンズマンション副院2町	弓之町5番133	36	21	鉄筋コンクリート造9階建	297.74	54.30	2,267	1,380,053	44.57	58.54	1,610	2,650	2,300万円台	1988年2月

88	エメラルドマンション芳泉	当新庄字ソブ60地番	44	44	鉄筋コンクリート造10階建	1,788.85	74.76	1,836	811,693	69.16	80.30	1,560	2,143	1,700万円台	1990年1月
89	サーパス住吉公園	浜3丁目番39	36	36	鉄筋コンクリート造11階建・地下1階	2,579.69	82.26	2,693	990,000	70.08	103.80	2,440	3,980	3,200万円台	1990年2月
90	蘭第グレースマンション医大西	東古松3丁目番22	43+1	43	鉄筋コンクリート造10階建	1,151.98	78.26	3,144	1,328,172	54.79	98.89	1,883	4,602	3,200万円台	1990年2月
91	ライオンズマンション岡山中陣	中仙道3番103	18	18	鉄筋コンクリート造9階建	736.00	76.74	3,684	1,587,194	75.14	89.54	3,449	4,413	3,500万円台・3,800万円台	1990年3月
92	ライオンズマンション岡山内下	内山下1丁目2番	36	36	鉄筋コンクリート造9階建	345.89	33.60	2,032	1,999,057	26.88	80.64	4,968	1,622	1,600万円台	1990年3月
93	ライオンズマンション西阿護園	西市252番1	40	40	鉄骨鉄筋コンクリート造4階建	1,510.00	70.47	2,640	1,238,593	59.40	85.84	1,904	3,721	2,200万円台	1990年3月
94	東山パークマンション	東山2丁目16番100-13	15+2	15	鉄筋コンクリート造4階建	889.95	79.47	3,231	1,343,992	71.06	88.65	2,793	3,700	2,800万円台・3,800万円台	1990年3月
95	サーパス西松山	西大院5-114	104	104	鉄筋コンクリート造8階建	2,783.90	73.99	2,368	1,058,193	64.22	83.84	1,900	2,794	2,000万円台	1990年3月
96	ライオンズマンション岡医大通り	清輝本町7-31	7	7	鉄筋コンクリート造8階建										1990年5月
97	ライオンズマンション医大病院	東古松3丁目7	47	47	鉄骨鉄筋コンクリート造14階建	550.80	41.13	1,934	1,554,693	37.45	74.90	1,679	3,542	1,700万円台	1990年5月
98	ライオンズマンション徳岩	徳吉町3丁目5番	41	41	鉄筋コンクリート造14階建	1,824.53	84.30	4,764	1,868,285	66.50	134.57	3,036	9,067	4,400万円台	1990年6月
99	シティコート番田	泉田字天神爺田44番4	78	78	鉄骨鉄筋コンクリート造8階建・地下1階	2,997.67	62.86	2,015	1,059,595	56.00	79.72	1,645	2,691	1,900万円台	1990年7月
100	朝日プラザ西作松	西古松1丁目50番地106	71+1	71	鉄骨鉄筋コンクリート造10階建	1,895.67	68.10	2,498	1,212,809	59.64	90.06	1,919	3,399	1,900万円台	1990年7月
101	ダイヤパレス東島田	東島田町2丁20	69	69	鉄筋コンクリート造9階建	1660.7	85.16	3,964	1,538,519	24.97	99.91	1,417	4,996	3,000万円台	1990年8月
102	エメラルドマンション野田	野田3丁目番101	34	34	鉄筋コンクリート造8階建	1,268.60	69.96	2,291	1,082,615	65.59	71.10	2,023	2,652	2,300万円台	1990年8月
103	ダイヤパレス東島田	東島田町2丁20	69	69	鉄筋コンクリート造10階建	1,660.71	85.16	3,964	1,538,519	24.97	99.91	1,417	4,996		1990年8月
104	サーパス豊成	豊成1丁目2丁	30	30	鉄筋コンクリート造9階建	1,323.98									1990年9月
105	ライオンズマンション岡山南	清輝橋1丁目26番地16	179+2	179	鉄筋コンクリート造11階建	2,773.28	58.19	2,322	1,318,576	51.15	69.44	1,808	2,963	1,900万円台	1990年9月
106	ダイヤパレス駅田屋町	野田屋町2丁目番101	35+3	35	鉄筋コンクリート造8階建	227.48	20.46	1,601	2,586,679	20.07	21.45	1,551	1,694	1,500万円台	1990年10月
107	ダイヤパレス京町	京町2番106	48	48	鉄筋コンクリート造11階建	403.31	23.42	1,578	2,227,382	22.75	26.10	1,460	1,850	1,500万円台	1990年11月
108	ふるみーや中山田	中山町1丁目2番2	25	25	鉄筋コンクリート造11階建	913.12	67.46	5,188	2,542,340	54.51	84.24	3,844	6,694	4,900万円台	1990年11月
109	ライオンズマンション西松	西古松1丁目9番22	18	18	鉄筋コンクリート造8階建	682.11	68.02	3,697	1,796,846	64.98	69.54	3,315	3,932	3,800万円台	1990年12月

別表　123

110	サーパス富田	富田26–1	65+2	65	鉄筋コンクリート造9階建	3,351.41	78.99	3,055	1,278,721	61.04	111.51	2,340	4,900	2,700万円台	1990年12月
111	ライオンズマンション神崎	神田町1丁目番15号	53	45	鉄筋コンクリート造9階建	1,990.69	71.52	3,872	1,789,945	60.98	89.37	3,121	5,026	3,800万円台	1991年2月
112	ライオンズマンション津高	津高77–13番地	44	44	鉄筋コンクリート造9階建	1,826.18	72.72	3,014	1,370,343	63.20	109.40	2,460	5,191	2,500万円台	1991年3月
113	ライオンズマンション津島	野田2丁目6番	49	49	鉄筋コンクリート造9階建	1,218.37	68.52	3,626	1,749,182	59.40	77.20	2,893	4,307	3,300万円台・3,800万円台	1991年3月
114	ネオハイツ岡山東	神下字後67の34	43	43	鉄筋コンクリート造9階建	1,462.39	60.48	2,523	1,379,205	59.40	65.20	1,987	3,695	2,300万円台	1991年3月
115	エメラルドマンション芳泉II	当新田6–1	38	38	鉄筋コンクリート造9階建	1,515.00	68.39	2,200	1,063,366	64.98	98.85	1,804	3,456	2,100万円台	1991年3月
116	朝日プラザ倉敷エクセル	倉敷市昭和1丁目5193	130	130	鉄筋コンクリート造9階建	2,279.44	65.58	2,839	1,430,927	61.20	76.53	2,660	3,551	2,600万円台	1991年8月
117	MAC芳泉コート	当新田	49	49	鉄筋コンクリート造9階建	1,840.00	69.11	2,300	1,099,952	64.41	89.61	1,990	2,810	2,100万円台	1991年8月
118	セザール岡南	七日市西町22番1	98	98	鉄筋コンクリート造9階建	3,566.35	68.58	2,916	1,405,404	59.21	79.10	1,992	3,665	2,500万円台	1990年10月
119	クリーンピア倉敷老松	倉敷市鶴形1丁目20の2	78	78	鉄筋コンクリート造9階建	2,164.01	66.85	2,925	1,446,272	56.48	99.41	2,215	4,900	2,500万円台	1990年10月
120	クリーンピア倉敷児島	関口1–4	36	36	鉄筋コンクリート造9階建	1,237.51	64.37	2,845	1,461,191	52.25	82.44	1,850	4,020	2,700万円台・2,300万円台	1990年11月
121	コスモハイツ関	弓之町8–12	80	80	鉄筋コンクリート造9階建	2,913.29	69.69	2,513	1,192,000	68.94	69.76	2,330	2,840		1991年関
122	ダイアナスイス之町	岡町6番6号	37	37	鉄筋コンクリート造9階建	340.80	32.18	3,381	3,677,611	20.96	80.29	2,165	11,179	2,200万円台	1990年12月
123	ライオンズマンション岡底真	新保字木村浜38–地	40	40	鉄筋コンクリート造9階建	475.86	40.78	3,325	2,695,501	22.32	124.51	1,720	11,190	2,000万円台	1990年12月
124	サーパス大野辺	豊成1丁目21番1	54+2	54	鉄筋コンクリート造9階建	2,322.03	77.37	3,160	1,350,332	66.47	88.46	2,370	4,110	2,900万円台	1990年12月
125	ライオンズマンション豊成	倉敷市庄字葉習苑	70	70	鉄骨鉄筋コンクリート造山階建	2,660.68	71.90	5,010	2,303,466	63.49	113.72		7,228	3,200万円台	1992年3月
126	MAC倉敷・出コート	原尾島1丁目283番1	72+1	72	鉄筋コンクリート造9階建	1,856.00	67.64	2,296	1,121,010	64.82	81.74	2,090	2,830	2,100万円台	1992年2月
127	ダイヤモンドマンション阪鴨岡	藤居町1丁目6番1	58	58	鉄筋コンクリート造9階建	2,409.54	77.21	3,388	1,450,757	74.57	84.90	2,938	4,326	3,100万円台	1992年2月
128	サーパス薬院町	高尾12番地	119+2	119	鉄筋コンクリート造9階建	4,789.28	74.62	2,910	1,289,243	65.53	90.53	2,380	3,980	2,800万円台	1992年2月
129	アルファー星ヒーベルビュー	清輝郎1丁目283番1	45	45	鉄骨鉄筋コンクリート造山階建	2,032.84	85.73	3,548	1,368,258	74.44	99.01	2,750	4,413	2,900万円台	1992年2月
130	朝日プラザ岡山サウスフロント	清輝郎1丁目1–46	175+6	175	鉄骨鉄筋コンクリート造山階建	2,061.78	43.85	2,430	1,831,300	28.87	99.91	1,623	5,871	3,700万円台	1992年3月
131	ローレルコート大井医病	葉蓋少女倉32し2	23	23	鉄筋コンクリート造9階建	479.04	73.56	3,932	1,767,129	63.86	100.02	3,310	5,580	3,300万円台	1992年3月

132	竜巻パークマンション	津守字マイ(30-1,306-3	54	54	鉄筋コンクリート造10階建	1,997.98	67.69	2,642	1,290,522	65.86	70.79	2,314	3,065	2,400万円台	1992年3月
133	グラン・ドゥール津高	表町2丁目5-109他	52	52	鉄筋コンクリート造10階建	1,864.01	65.60	2,223	1,120,457	59.01	71.73	1,890	2,510	2,300万円台	1992年9月
134	メゾン表町	表町2丁目5-109	15+1	15	鉄筋コンクリート造6階建	300.31	67.43			59.95	130.34				1992年9月
135	ライオンズマンション鳳医王二		61	61	鉄筋コンクリート造10階建	539.99	31.73	2,659	2,769,603	20.94	65.83	1,777	5,825	1,800万円台	1992年9月
136	アルファステイツ泉田	泉田字当新田後240-1	55	55	鉄筋コンクリート造10階建	2,634.35	75.95	3,770	1,641,061	54.80	111.10	2,260	5,090	3,600万円台	1992年12月
137	サーパス後楽園	浜3丁目5-56	58+2	58	鉄筋コンクリート造10階建	3,245.6	69.29	2,886	1,377,081	60.90	82.37	2,420	3,550	2,700万円台	1994年1月
138	シティハイツ米倉	米倉字東仮建仏切14-13	65+2	65	鉄筋コンクリート造1塔・鉄筋コンクリート造10階建	2,370.10	67.50	2,679	1,312,188	62.33	73.50	1,997	3,314	2,500万円台	1994年6月
139	エバグリーン岡山プラザ	京町9-101～105	48+1	48	鉄骨鉄筋コンクリート造10階建	285.46	22.28	1,764	2,617,173	22.28	22.28	1,719	1,801	1,700万円台	1994年6月
140	藤和ハイタウン兵団	兵団38-68	34	34	鉄筋コンクリート造10階建	1,258.56	68.72	2,678	1,288,446	64.30	80.07	1,880	3,750	2,500万円台	1994年1月
141	アルファステイツ青江	新保100-6,7,8	42	42	鉄筋コンクリート造10階建	1,641.68	72.50	2,769	1,262,641	62.08	88.78	2,240	3,750	2,600万円台	1994年2月
142	サーパス鹿田	東古松2丁目198番2	77	77	鉄筋コンクリート造10階建	1,869.00	75.47	3,151	1,380,077	64.98	99.15	2,400	4,350	3,000万円台	1994年2月
143	サーパス津高	津高29番1	49+1	49	鉄骨コンクリート造10階建	1,913.32	72.55	2,735	1,246,006	60.33	82.80	2,120	3,340	2,700万円台	1994年3月
144	アルファステイツ野田	野田3丁目3-102	33	33	鉄筋コンクリート造10階建	1,291.45	71.20	2,939	1,364,520	70.15	74.35	2,690	3,310	2,800万円台	1994年5月
145	パークヒルズ後楽苑	浜3丁目4-55	36	36	鉄筋コンクリート造10階建	1,413.64	74.45	2,693	1,195,692	70.44	85.25	2,334	3,404	2,500万円台	1994年6月
146	グランコート駅	鷹匠9-2	49	49	鉄筋コンクリート造10階建	1,907.07	68.89	2,498	1,198,619	64.29	71.54	2,129	2,714	2,400万円台	1994年7月
147	ラブニー東島田	東島田町2丁目6番7号	16	16	鉄筋コンクリート造10階建	373.41	81.87	3,398	1,372,111	81.87	81.87	3,216	3,578	3,300万円台	1994年9月
148	シティハイツ芳老舗	豊成3丁目6番102	72+2	72	鉄筋コンクリート造1塔・鉄筋コンクリート造10階建	2,819.48	72.05	2,848	1,306,721	72.05	88.07	2,280	3,480	2,700万円台	1994年9月
149	藤和ハイタウン百間川	沢田7-1	65	65	鉄筋コンクリート造10階建	2,537.99	72.60	2,568	1,169,109	69.36	83.40	2,370	3,200	2,400万円台	1994年9月
150	ベル豊成	豊成1丁目26-11	30	30	鉄筋コンクリート造10階建	1,253.20	67.10	2,354	1,159,660	61.63	71.05	2,160	2,590	2,200万円台	1994年9月
151	リベール大和町	大和町1丁目4-27	25	25	鉄筋コンクリート造10階建	1,333.49	73.72	3,027	1,357,434	67.00	82.60	2,570	3,590	2,700万円台	1994年10月
152	プレステージ津高	津高坂1丁目11番4	17+1	17	鉄筋コンクリート造10階建	640.85	69.93	3,281	1,551,181	69.75	70.00	3,070	3,700	3,200万円台・3,300万円台	1994年11月
153	薩摩ガーデンマンション阪西川	東古松2丁目11-25	30	30	鉄筋コンクリート造10階建	698.9	80.92	3,187	1,301,988	76.39	84.78	2,749	3,366	3,300万円台	1994年11月

別表　125

154	シティコーポ建友	住友学園沼辺25-101	140	140	鉄骨鉄筋コンクリート造10階建	4,809.00	64.23	1,821	937,134	61.04	70.00	1,486	2,043	1,900万円台	1988年2月
155	アーバンドリーム東灘	深田町1丁目5-101	61+1	61	鉄筋コンクリート造10階建	2,189.85	75.37	2,452	1,206,198	63.40	77.47	1,980	2,960	2,400万円台	1988年2月
156	アルファステイツ東古松	東古松3丁目3-62	36	36	鉄筋コンクリート造10階建	1,401.97	70.29	2,702	1,268,089	70.22	70.35	2,370	2,950	2,700万円台	1988年2月
157	グランコート厳Ⅱ番館	厳96-3	52	52	鉄筋コンクリート造10階建	2,044.37	67.87	2,568	1,250,872	62.86	71.93	2,263	2,848	2,500万円台	1988年2月
158	サーパス今公園	今1丁目2-101	39+1	39	鉄筋コンクリート造10階建	1,661.99	79.08	3,103	1,296,992	69.45	102.20	2,620	3,970	2,800万円台	1988年2月
159	スペースピア新保	新保365-13	28+1	28	鉄筋コンクリート造10階建	1,026.62	64.26	2,315	1,190,835	63.68	64.83	2,060	2,540	2,200万円・2,400万円台	1988年3月
160	エクセル東岡山	下宇丸ノ町47-56	72+1	72	鉄筋コンクリート造10階建	2,445.20	67.00	2,290	1,152,090	59.58	74.42	1,880	2,790	2,200万円台	1988年3月
161	グレイステージ中鶴言	中鶴言2-2	15	15	鉄筋コンクリート造10階建	769.98	77.79	3,323	1,412,293	69.47	82.07	2,850	3,600	3,500万円台	1988年3月
162	サーパス東嶋田	東嶋田2丁目3-62	61+2	61	鉄筋コンクリート造10階建	1,253.82	76.27	3,098	1,342,931	62.72	93.20	2,470	3,780	2,900万円台	1988年3月
163	福富中パーク・ホームズ	福富中1丁目9-102	28	28	鉄筋コンクリート造10階建	1,114.51	74.40	2,479	1,101,257	67.67	85.92	2,100	2,990	2,100万円・2,200万円台	1988年3月
164	アマネセール中野	下中野355-104	30+2	30	鉄筋コンクリート造10階建	1,185.83	72.04	2,757	1,265,277	72.04	72.04	2,580	2,930	2,700万円台	1988年3月
165	サーパス福富	福富中1丁目6-100	74+2	74	鉄筋コンクリート造10階建	2,858.70	72.58	2,557	1,200,168	60.38	84.78	2,000	3,270	2,400万円台	1988年3月
166	サーパス中井町	中井町2丁目4-21	40+1	40	鉄筋コンクリート造10階建	1,721.16	78.71	3,173	1,332,436	70.04	92.42	2,590	3,920	2,700万円台	1988年3月
167	アルファステイツ大元	大元1丁目12-103	24	24	鉄筋コンクリート造10階建	695.61	79.80	2,960	1,237,100	76.32	86.15	2,590	3,490	2,800万円台	1988年4月
168	リバール今	今1丁目11-1	28	28	鉄筋コンクリート造10階建	1,048.13	69.81	2,631	1,248,416	66.30	70.52	2,210	2,830	2,600万円台	1988年5月
169	サン・エアポートNODA	浦安南町553-2	79+1	79	鉄骨鉄筋コンクリート造10階建	1,425.70	66.84	2,283	1,127,457	62.65	127.67	1,790	4,680	2,100万円台	1988年6月
170	シティベル泉田	泉田家後20-香	24+1	24	鉄筋コンクリート造10階建	921.18	69.12	2,504	1,197,462	62.07	77.04	1,990	2,940	2,200万円台	1988年6月
171	エバグリーン東古松	東古松3丁目31-1他	50	50	鉄筋コンクリート造10階建	1,300.15	66.78	2,820	1,395,973	63.10	70.46	2,490	3,150		1988年5月
172	グランメール弓之町	弓之町37-1	36	36	鋼管コンクリート造(機械精製)コンクリート造10階建	812.21	81.56	3,345	1,355,623	81.39	82.07	3,064	3,579	3,400万円台	1988年7月
173	ベルル新福	新福2丁目4-23	25	25	鉄筋コンクリート造10階建	1,071.27	72.32	2,343	1,070,993	71.42	74.15	2,120	2,710	2,200万円台	1988年9月
174	シティオ倉敷	倉敷市亀島1丁目4-1	48	48	鉄筋コンクリート造10階建	1,594.00	58.36	1,647	917,644	55.19	61.53	1,490	1,750	1,700万円台	1988年10月
175	クリーンピア大元	大元1丁目21-10他	48	48	鉄筋コンクリート造10階建	1,148.79	89.56	3,161	1,251,521	55.25	123.88	1,929	4,853	2,700万円台	1988年10月

176	薩摩ガーデンマンション医大前	東松1丁目14-7	40	40	鉄筋コンクリート造11階建・地下1階	1,157.36	81.83	3,261	1,317.436	76.99	87.66	2,835	3,675	3,100万円台	1995年11月
177	アルファステイツ西町WNⅠ	西中4-1他	61+2	61	鉄筋コンクリート造11階建	2,441.95	72.85	2,395	1,086.546	62.79	86.52	1,860	3,030	2,300万円台	1995年11月
178	藤和ハイタウン医大前	東松1丁目206-13	43	43	鉄筋コンクリート造11階建	904.49	66.52	2,657	1,320.260	55.25	123.88	2,700	4,852	2,600万円台	1995年11月
179	リベール古松	西古松1丁目37-101	35	35	鉄筋コンクリート造11階建	1,284.27	67.39	2,513	1,211.647	59.23	75.55	1,890	3,050	2,600万円台	1995年11月
180	セザール倉敷	倉敷市北浜町14-17他	47	47	鉄筋コンクリート造11階建	863.59	56.07	1,910	1,125.857	55.89	58.15	1,862	2,305	1,800万円台	1995年12月
181	藤和ハイタウン京山	京山2丁目37-1	17	17	鉄筋コンクリート造11階建	848.91	73.03	3,320	1,369.706	66.65	108.57	2,470	4,790	2,700万円台	1995年12月
182	アイ・ロード兵団	兵団5-7	15	15	鉄筋コンクリート造11階建	615.16	75.51	3,292	1,441.283	65.66	85.27	2,670	3,880	3,300万円台・3,800万円台	1995年12月
183	アイシティ倉敷	倉敷市老松町1丁目3-40他	36	36	鉄筋コンクリート造11階建	1,147.59	58.68	2,343	1,320.054	58.66	58.68	2,180	2,410	2,300万円台	1995年12月
184	ファミール白岡町	東山原地16番地	108+3	108	鉄筋コンクリート造11階建	5,124.55	75.34	2,556	1,121.716	68.94	90.59	2,090	3,460	2,400万円台	1995年12月
185	サーパス東古松通り	東古松2丁目25-1	99-2	99	鉄筋コンクリート造11階建	2,205.99	78.58	2,732	1,149.419	63.59	99.70	1,980	3,850	2,300万円台	1996年2月
186	藤和グレーシアマンション米蔵霞	東昆139-10	59	59	鉄筋コンクリート造10階建	2,618.41	81.25	2,340	952.150	70.02	94.04	1,830	2,930	2,300万円台	1996年2月
187	アビタシオン奉還町	奉還町4丁目92-8他	62+1	62	鉄筋コンクリート造11階建	1,871.44	70.50	3,459	1,359.967	59.97	79.80	2,300	3,450	2,700万円台	1996年3月
188	グリーン早島	都窪郡早島町52番	40	40	鉄筋コンクリート造11階建	1,722.37	79.03	2,292	958.837	72.14	88.71	1,860	2,880	1,900万円台	1996年3月
189	アミール・タワープラザ岡山	国体町75-3,52,6	328	328	鉄筋コンクリート造22階建・地下1階	6,647.26	73.44	4,300	2,190.857	50.48	100.41	2,040	7,960	2,900万円台	1996年3月
190	ルビアナ倉敷	倉敷市川西町5-6	78	78	鉄筋コンクリート造11階建	1,538.11	72.96	2,795	1,266.337	66.78	99.04	2,300	4,400	2,600万円台	1996年3月
191	アマネモール東古松Ⅰ	東古松蕃松30他5地	26+1	26	鉄骨・鉄筋コンクリート造10階建	946.53	65.96	2,560	1,282.863	64.38	67.71	2,294	2,795	2,500万円台	1996年4月
192	グランコート鷲羽奎館	鷲3-2	54	54	鉄筋コンクリート造11階建	2,032.78	69.27	2,273	1,084.850	66.41	79.10	1,966	2,819	2,100万円台	1996年4月
193	アルファステイツ西町WNⅡ	西中4-2他	61+2	61	鉄筋コンクリート造11階建	2,597.44	76.20	2,440	1,058.731	71.03	88.84	2,090	2,990	2,200万円台	1996年5月
194	ダイアパレスサイトピア今2丁目	今2丁目11-107	39	39	鉄筋コンクリート造11階建	1,564.00	74.68	2,627	1,212.888	65.65	83.71	2,190	3,290	2,400万円台	1996年6月
195	アルファステイツ児尾鳥	児尾島2丁目600-1他	46	46	鉄筋コンクリート造11階建	2,659.7	75.37	2,452	1,075.400	71.28	87.57	1,990	3,290	2,100万円台	1996年6月
196	アマネモール西之町	西之町13-2	41+1	41	鉄筋コンクリート造11階建	1,582.00	72.96	2,905	1,322.090	65.63	82.30	2,390	3,526	2,800万円台	1996年7月
197	ノーブルコート中庄	倉敷市中庄(見図3534	54	54	鉄筋コンクリート造10階建	2,031.95	77.41	2,180	1,105.263	60.48	78.30	1,920	2,720	1,900万円台	1996年7月

198	アーネスト大坂	矢矧東町2丁45番	60	60	鉄筋コンクリート造11階建	2,198.90	80.30	2,015	829,654	68.65	92.28	1,580	2,480	1,800万円台	1996年7月
199	ライオンズマンション上中野	上中野2丁目124-9	59	59	鉄筋コンクリート造10階建	2,185.17	65.95	2,603	1,304,900	66.12	70.20	2,340	3,050	2,600万円台	1996年3月
200	サーパス上中野	上中野2丁目13-101	68	68	鉄筋コンクリート造10階建	2,924.00	82.37	5,710	1,145,877	64.91	99.82	2,030	3,680	2,800万円台	1996年8月
201	グランコート島田本町	島田本町1丁目8-3	49	49	鉄筋コンクリート造10階建	1,849.41									1997年1月
202	オリエント天神南	天神町7-101,107	17+1	17	鉄骨鉄筋コンクリート造10階建	413.11	80.30	3,679	1,514,771	60.46	88.76	2,550	4,400	2,700万円台	1997年1月
203	サーパス豊成弐番	豊成2丁目9-101	48+1	48	鉄筋コンクリート造10階建	1,837.40	69.78	2,280	1,079,961	63.57	77.96	1,880	2,790	2,200万円台	1997年2月
204	リベール三野公園	三野2丁目1-20	61	61	鉄筋コンクリート造10階建	2,256.03	71.23	2,580	1,199,700	65.96	85.23	2,150	3,640	2,800万円台	1997年2月
205	薩摩ハウス東中祇園 3番館	東中3-11	43	43	鉄筋コンクリート造10階建	2,047.73	87.63	2,628	991,214	80.43	98.72	2,245	3,245	2,300万円台	1997年2月
206	後楽園パーク・ホームズ	浜2丁目8-5,9	25	25	鉄筋コンクリート造10階建・地下1階	1,201.71	76.48	2,865	1,238,254	71.46	86.50	2,530	2,540	2,500万円台	1997年3月
207	ファミーユ津高	津高西2丁目22番1	59	59	鉄筋コンクリート造10階建	2,745.35	81.91	3,580	1,444,853	68.74	95.54	2,570	4,622	2,800万円台	1997年3月
208	アルファスティッ倉敷老松	倉敷市老松町5-6,18-5	56	56	鉄筋コンクリート造10階建	2,429.20	81.34	2,267	955,018	70.12	92.57	1,790	2,910	2,100万円台	1997年6月
209	ブリード京山	京山2丁目18-45	17	17	鉄筋コンクリート造10階建	963.04	80.48	3,753	1,541,500	75.04	101.47	2,900	5,150	4,000万円台	1997年6月
210	サーパス表町	表町3丁目15-25	48+1	48	鉄骨鉄筋コンクリート造14階建	1,049.83	75.63	3,067	1,340,402	70.36	91.84	2,470	4,240	2,800万円台	1997年10月
211	薩摩グランドマンション倉敷	倉敷市南町3-12	35	35	鉄筋コンクリート造10階建	1,036.84	76.22	2,479	1,075,072	71.62	84.38	1,990	3,150	2,400万円台・2,200万円台	1997年12月
212	リベール原尾島	東川原27-4	53	53	鉄筋コンクリート造10階建	1,999.16	74.11	2,603	1,206,604	66.96	81.26	2,340	3,070	2,400万円台	1997年12月
213	ディアステージ津島	豊成2丁目6番2号	65	65	鉄筋コンクリート造10階建	2,581.28	75.89	2,303	1,047,554	66.88	84.91	1,720	3,090	2,100万円台	1998年1月
214	サーパスシティ大供	大供2丁目9-106	139+2	139	鉄骨鉄筋コンクリート造14階建	3,148.88	80.74	3,331	1,363,750	67.96	98.58	2,480	4,560	3,400万円台	1998年1月
215	薩摩グランドマンション東中 3番館	東中1丁目45-41	58	58	鉄筋コンクリート造10階建	2,703.71	87.90	2,679	1,007,406	81.21	99.81	2,305	3,420	2,500万円台	1998年2月
216	アークスクエア表町	表町3丁目14-101	83	83	鉄筋コンクリート造10階建・地下1階	1,591.12	77.21	3,052	1,309,077	61.39	92.34	2,195	4,210	2,800万円台	1998年2月
217	菱和パレス西大寺	西大寺中1丁目12,8番	50	50	鉄骨鉄筋コンクリート造10階建	1,146.21	73.90	2,277	994,566	72.72	75.08	1,880	2,650	2,300万円台	1998年3月
218	レジデンス上中野	上中野2丁目13-115	18	18	鉄筋コンクリート造10階建	817.30	84.85	3,050	1,188,200	79.50	89.38	2,580	3,430	3,000万円台	1998年3月
219	リベール森下町	森下町2-37	24	24	鉄筋コンクリート造10階建	950.63	74.44	2,820	1,252,410	69.63	80.57	2,330	3,340	2,600万円台	1998年3月

220	ラブニール辰巳	辰巳1-4-110	45	45	鉄筋コンクリート造10階建	1,451.08	78.40	2,735	1,153,388	65.40	89.52	1,945	3,351	2,700万円台	1999年2月
221	アルファステイツ大元Ⅱ	大元1丁目10-102	30	30	鉄筋コンクリート造11階建	998.31	76.81	2,882	1,240,231	74.25	85.00	2,510	3,300	2,700万円台	1999年3月
222	セレスト東岡山	東岡山町1丁目3番1	30	30	鉄筋コンクリート造11階建	1,003.63	83.99	3,410	1,342,020	80.15	88.16	2,940	3,880	3,100万円台	1999年3月
223	ファミール伊島	伊島町2丁目12-28-1	51	51	鉄筋コンクリート造11階建	2,632.52	76.47	3,098	1,339,281	61.07	118.78	2,530	5,850	2,700万円台	1999年3月
224	リバベール厚生町	厚生町1丁目9-10	60	60	鉄筋コンクリート造11階建	1,321.96	80.98	2,818	1,177,721	71.96	90.00	2,200	3,570	2,400万円台・3,100万円台	1999年3月
225	ビ・ウェル楽笹	箕島1209-4	47	47	鉄筋コンクリート造11階建	1,629.46	101.53	2,335	760,149	100.06	104.13	2,190	2,590	2,200万円台	1999年3月
226	グランコート野田	野田3丁目10番108	58	58	鉄筋コンクリート造11階建	2,259.00	74.49	2,530	1,180,811	68.66	80.32	2,338	2,984	2,300万円台・2,500万円台	1999年3月
227	イーグルマンション関	関20-18	15	15	鉄筋コンクリート造5階建	592.26	70.09	2,083	982,208	66.73	71.77	1,785	2,257	2,200万円台	1999年3月
228	アルファステイツ国富	国富1丁目302-7他	36	36	鉄筋コンクリート造7階建	3,110.47	80.58	3,070	1,259,617	74.01	107.26	2,290	4,890	2,300万円台・2,400万円台	1999年3月
229	オリエントあくら通り	東島田町1丁目5番	26	26	鉄筋コンクリート造11階建	681.91	77.65	3,317	1,412,236	60.87	94.72	2,300	4,600	2,300万円台・3,800万円台	1999年3月
230	サーパス平井東久岡	平井119-112	31	31	鉄筋コンクリート造11階建	1,555.05	85.08	2,813	1,192,849	72.45	97.71	2,270	3,870	2,300万円台	1999年3月
231	アルファステイツ新屋敷亀島	新屋敷町1丁目4他池	26	26	鉄筋コンクリート造11階建	1,140.00	76.19	2,657	1,152,960	70.27	84.96	2,150	3,310	2,500万円台	1999年3月
232	アメリエコート青江	青江1丁目6番地	16	16	鉄筋コンクリート造7階建	593.09	67.08	1,865	994,988	67.08	67.08	1,558	2,480	1,500万円台	1999年10月
233	大供西公園パーク・ホームズ	西之町1	27	27	鉄筋コンクリート造11階建	1,213.91	79.80	2,696	1,116,918	73.08	87.42	2,170	3,430	2,200万円台	1999年11月
234	サーパス津高通り一番館	津高字下三須9-197	94+1	94	鉄筋コンクリート造11階建	4,460.06	85.16	2,755	1,069,530	78.26	119.26	2,390	4,160	2,400万円台	1999年11月
235	ヴァンテアン百間川公園	兼基89,180-2	39	39	鉄筋コンクリート造11階建	1,617.87	77.19	2,464	1,055,234	72.02	94.33	1,980	3,310	2,200万円台・2,800万円台	1999年12月
236	麗都グレースマンション原尾島 龍	原尾島2丁目5番106	23	23	鉄筋コンクリート造5階建	1,204.37	93.93	3,254	1,143,663	86.47	118.34	2,730	4,640	2,800万円台	1999年12月
237	麗都グレースマンション原尾島 珠	原尾島2丁目4番102号	20	20	鉄筋コンクリート造5階建	785.84	72.09	2,338	1,072,124	68.59	76.17	2,060	2,755	2,100万円台	1999年12月
238	ディアステージ浜山	浜3丁目5-51	47	47	鉄筋コンクリート造11階建	1,905.68	74.58	2,640	1,170,216	67.74	89.83	2,150	3,600	2,500万円台	1999年2月
239	ヴァンテアン古京町	古京町1丁目31	18	18	鉄筋コンクリート造5階建	672.94	65.66	3,200	1,422,799	59.88	88.82	1,800	4,600	2,800万円台	1999年2月
240	リバベール津高	津高字2丁目7-15	36	36	鉄筋コンクリート造11階建	786.8	80.12	3,187	1,373,972	69.44	90.80	2,580	4,080	2,900万円台	1999年3月
241	アルファステイツ老松駅参番館	倉敷市老松町1丁目8-84	36	36	鉄筋コンクリート造11階建	809.26	76.43	2,461	1,128,815	65.60	87.27	1,850	3,370	2,000万円台	1999年4月

242	アルファステイツ清心	国体町5-101	129	129	鉄骨鉄筋コンクリート造14階建	3,158.18	77.61	2,739	1,199,226	60.39	98.39	1,780	3,980	2,400万円台・2,500万円台	1999年5月
243	リベール森下町II	森下町5-8	49	49	鉄筋コンクリート造11階建	1,859.52	74.51	2,710	1,248,931	68.80	80.22	2,300	3,330	2,500万円台	1999年5月
244	アルファステイツ幸町	倉敷市幸町5/75-2他	59	59	鉄筋コンクリート造9階建	2,297.68	74.20	2,612	1,164,000	63.15	98.81	1,910	3,980	2,500万円台・2,800万円台	1999年8月
245	住吉町パークホームズ	住吉町1-78	28	28	鉄筋コンクリート造8階建	1,567.05	86.70	3,349	1,276,788	77.30	101.60	2,530	4,700	2,750～2,999万円 3,000～3,249万円	1999年8月
246	サーパス新屋敷町	新屋敷町2-71	82	82	鉄骨鉄筋コンクリート造14階建	2,867.90	81.02	3,010	1,228,029	70.47	92.38	2,340	3,790	2,700万円台	1999年11月
247	サーパス東古松第2	東古松2丁目202番地2番地	91＋2	91	鉄骨鉄筋コンクリート造14階建	2,340.03	83.03	2,900	1,313,873	66.53	99.53	2,050	4,550	2,400万円台・2,800万円台	2000年11月
248	グランコート八幡	小橋町1丁目4-10	47	47	鉄筋コンクリート造10階建	1,908.90	74.78	2,675	1,154,792	68.24	81.32	2,217	3,008	2,800万円台	2000年2月
249	グランコート幾井番館	磯7-16	42	42	鉄筋コンクリート造9階建	1,912.85	70.42	2,267	1,064,228	67.79	83.51	1,998	2,829	2,100万円台	2000年5月
250	藤ハイツジョン高級住宅	東坪45-42	73	73	鉄筋コンクリート造10階建	3,510.00	88.23	2,697	1,010,655	78.80	116.00	2,165	4,050	2,500万円台	2000年7月
251	ファミール番町	番町1-6-109	11	11	鉄筋コンクリート造9階建	610.46	78.40	3,798	1,601,239	62.86	99.97	2,740	5,350	3,200万円台・3,300万円台	2000年8月
252	ピュア藤原西町	藤原西町1-343	75	75	鉄筋コンクリート造10階建	3,077.13	76.60	2,367	1,021,642	69.10	88.30	1,960	3,160	2,100万円台	2000年11月
253	アルファステイツ新保	新保79-20-21	50	50		1,974.07	75.70	2,175	950,000	63.50	87.10	1,680	2,630	2,300万円台	2000年11月
254	アルファガーデン伊島	伊島1丁目1105-2	12	12	鉄筋コンクリート造9階建	692.33	89.01	3,932	1,460,255	80.40	96.50	3,070	4,530	4,500万円台	2000年10月
255	ビ・ウェル今	今1丁目14-35	51	51	鉄筋コンクリート造11階建	1,633.71	84.07	2,365	930,000	81.87	99.41	2,000	2,830	2,100万円台	2000年10月
256	ウィルパーシテー鹿田町	鹿田町1-4-11	42	42	鉄筋コンクリート造15階建	851.48	78.07	3,006	1,273,000	71.83	85.96	2,360	3,960		2000年12月
257	ディアステージ奥田公園	奥田町1丁目1-47	46	46	鉄筋コンクリート造11階建	1,885.90	78.52	2,518	1,060,000	68.59	81.74	1,870	3,250	2,400万円台	2000年11月
258	リベール大雲寺	東古松3-35-3	20	20	鉄筋コンクリート造10階建	757.13	71.13	2,515	1,169,000	55.86	105.14	1,790	3,980	2,600万円台	2000年11月
259	ピュアグランデ中井町	中井町2丁目440-19	52	52	鉄筋コンクリート造14階建	2,237.43	79.00	3,092	1,294,000	75.21	89.69	2,680	3,380	2,900万円台	2000年12月
260	フォーラムシティ	駅元町3-45-7	90	90	鉄筋コンクリート造14階建	6,554.30	82.60	3,123	1,250,000	60.98	125.95	2,186	3,920	2,800万円台	2000年12月
261	サーパス津高南通り二番館	津高919-10	45	45	鉄筋コンクリート造11階建	2,051.17	80.89	2,569	1,050,000	72.47	94.28	2,090	3,190	2,300万円台	2000年11月
262	グランディ・マン泉田	泉田44-51	51	51	鉄筋コンクリート造10階建	2,389.61	86.49	2,794	1,068,000	71.65	119.96	2,130	3,530	2,400万円台	2000年5月
263	ラフィール桑田ジュベリオ	桑田町23-1	47	47	鉄筋コンクリート造14階建	1,355.82	101.35	4,338	1,415,000	68.10	157.60	2,420	7,850	3,300万円台	2000年8月

264	リビンコート厚生町	厚生町2-1	48	48	鉄筋コンクリート造10階建	1,005.71	80.41	2,870	1,180,000	76.85	85.35	2,190	3,690	2,600万円台	2000年12月
265	西古松パークホーム	西古松1-33-104	35	35	鉄筋コンクリート造5階建	3,133.16	77.34	2,854	1,220,000	70.03	94.24	2,090	3,980	2,400万円台	2001年3月
266	グランシート東古松	東古松2丁目25-14	30	30	鉄筋コンクリート造5階建	785.06	74.78	2,629	1,162,000	70.54	82.10	2,263	3,034	2,400万円台	2001年3月
267	ラヴニール撫川	撫川1-1-12	25	25	鉄筋コンクリート造5階建	1,310.57	78.00	2,218	940,000	70.20	85.38	1,850	2,520	2,500万円台	2001年3月
268	サーパス後楽園第2	泉2丁目28-1	49	49	鉄筋コンクリート造11階建	2,727.67	82.29	2,937	1,180,000	66.73	99.49	2,190	3,880	2,800万円台	2001年1月
269	メゾージュ上中野	上中野1-1-107	20	20	鉄筋コンクリート造11階建	564.75	81.69	3,153	1,276,000	76.32	87.07	2,486	3,713	2,900万円台	2001年3月
270	リベール表町	表町1-7-104	7	7	鉄筋コンクリート造11階建	137.21	82.94	3,761	1,499,000	82.94	82.94	3,580	3,950	3,700万円台	2001年5月
271	リビンコート間屋町	間屋町5-102	54	54	鉄筋コンクリート造10階建	1,524.63			863,000	77.84	101.78	1,641	3,002	2,100万円台	2001年3月
272	グランシート駅元番館	駅元町6-7-18	47	47	鉄筋コンクリート造11階建	2,178.60	72.73	2,352	1,069,000	70.67	76.93	2,080	2,780	2,200万円台	2001年3月
273	リベール国富	国富1-6-67他	47	47	鉄筋コンクリート造11階建	1,898.15	76.46	2,625	1,135,000	65.10	86.82	1,950	3,330	2,600万円台	2001年9月
274	リベール岸柄町	学南3丁目954-1	24	24	鉄筋コンクリート造11階建	1,394.34	83.71	3,393	1,340,000	74.73	121.10	2,790	5,200	3,300万円台	2001年10月
275	ビ・ウェル野田公園	野田2丁目2-107	60	60	鉄筋コンクリート造11階建	1,712.80	83.50	2,374	940,000	74.13	98.05	1,849	2,294	2,200万円台	2001年11月
276	蔭タワーズビバジュ岡栄総合番	東柴155-1	42	42	鉄筋コンクリート造15階建	5,133.09	91.44	3,026	1,094,000	80.95	97.43	2,225	3,610	3,200万円台	2001年3月
277	アルファステイツ岡山劇場	桑田町26-7	129	129	鉄筋コンクリート造14階建	2,660.35	74.15	2,523	1,125,000	63.86	85.92	1,730	3,330	2,800万円台	2000年3月
278	サーパス野田公園	野田2丁目4-104	43	43	鉄筋コンクリート造15階建	1,906.20	79.93	2,727	1,128,000	71.26	96.30	1,990	3,690	2,400万円台	2000年2月
279	ポルスタ岡山	平井10-6-1	39	39	鉄筋コンクリート造10階建	1,822.79	79.87	2,148	889,000	75.05	96.58	1,750	2,900	1,900万円台	2000年3月
280	アルファステイツ野田II	野田1丁目14-106	53	53	鉄筋コンクリート造14階建	1,786.59	77.54	2,582	1,101,000	68.45	93.66	1,940	3,390	2,200万円台	2000年3月
281	アルファステイツ今保公園	今保51-113	48	48	鉄筋コンクリート造11階建	1,935.36	75.50	2,286	1,001,000	65.25	85.99	1,750	2,870	2,300万円台	2000年1月
282	ポルスタ芳泉	豊成3-3	65	65	鉄筋コンクリート造14階建	2,748.46	79.28	2,434	1,015,000	71.79	90.71	2,010	3,180	2,200万円台	2000年3月
283	リビンコート満通り二番館	津島196	46	46	鉄筋コンクリート造14階建	2,510.67	78.65	2,379	1,000,000	69.53	92.08	1,880	3,120	2,000万円台	2000年3月
284	リビンコート間屋町タワー	間屋町5-101	65	65	鉄筋コンクリート造14階建	1,583.63	86.57	2,352	898,100	70.08	134.14	1,540	3,673	2,100万円台	2000年10月
285	コア本町	本町4-106他	86	86	鉄筋コンクリート造15階建	1,623.82	74.99	3,363	1,482,500	42.29	141.93	1,720	6,880	3,700万円台	2000年12月

別表 131

286	ロイヤルガーデン円城寺公園	幸町3-113	24	24	鉄筋コンクリート造9階建	608.29	113.64	4,095	1,191,200	82.45	144.84	2,470	5,710	2,900万円台	2002年11月
287	ピュア・パルク	首部22-1	53	53	鉄筋コンクリート造11階建	1,245.35	87.27	2,743	1,039,000	75.41	101.87	1,980	3,500	2,300万円台	2002年4月
288	アルファステイツ今3丁目公園	今3丁目13-103	44	44	鉄筋コンクリート造11階建	1,835.25	76.72	2,532	1,091,000	71.28	88.17	2,070	3,010	2,400万円台	2002年10月
289	ワーヴェルコート鷹取パークハーバー	鷹取島1-289-1	48	48	鉄筋コンクリート造14階建	1,907.89	76.31	2,261	979,400	66.22	88.87	1,674	3,174	1,900万円台	2002年12月
290	パーク・ホームズ宇部町	宇部町28-57-5	27	27	鉄筋コンクリート造10階建	1,573.86	79.48	3,048	1,267,900	70.03	89.71	2,490	3,890	2,700万円台	2002年10月
291	ダイヤモンドクォーラ大供	大供1-2-121	56	56	鉄筋コンクリート造14階建	983.53	79.38	3,067	1,277,400	72.06	85.00	1,940	3,870	2,900万円台	2003年3月
292	ポルスターガーデンクォーラ奉還町	奉還町1-1-13	147	147	鉄筋コンクリート造14階建	6,095.32	87.36	2,695	1,019,700	77.39	101.85	1,690	4,270	2,300万円台	2003年4月
293	南青リーフマンション東島田	東島田2-2-1	38	38	鉄筋コンクリート造14階建	833.43	83.07	2,979	1,185,300	75.32	122.72	2,150	5,180	2,700万円台	2003年3月
294	ビ・ウェル大供	大供3-1-117	26	26	鉄筋コンクリート造9階建	711.15	108.72	3,233	982,900	104.01	116.26	2,576	4,115	3,000万円台	2003年1月
295	グラン・コート岡山西川	西川町6-17-1	42	42	鉄筋コンクリート造11階建	1,724.23	78.78	2,245	942,000	75.13	86.89	1,873	2,803	2,100万円台	2003年1月
296	パーソンズ・カーサ津高	津高西坂2229-11	28	28	鉄筋コンクリート造10階建	1,454.07	82.02	3,310	1,333,900	86.25	106.11	2,980	4,690	3,800万円台	2003年3月
297	プロヴィ鹿田町	鹿田町2-2-35	29	29	鉄筋コンクリート造12階建	588.23	91.69	3,361	1,211,700	69.28	120.65	2,230	5,940	2,900万円台	2003年3月
298	サーパス福西公園	福富西1-7-104	75	75	鉄筋コンクリート造12階建	3,279.37	78.53	2,281	960,100	67.31	92.89	1,590	2,990	2,000万円台	2003年3月
299	ジェイシティ国富	国富1-80-1-3	36	36	鉄筋コンクリート造14階建	1,814.39	78.06	2,658	1,125,600	76.50	135.85	2,310	3,860	2,200万円台	2003年3月
300	ルネッサ東古松リーデンスコート	国富1018-5	34	34	鉄筋コンクリート造10階建	2,892.66	81.80	3,310	1,337,500	70.91	104.55	2,540	4,570	2,900万円台	2003年4月
301	ノーブルシティ表町通り	表町2丁目4-109-129	37	37	鉄筋コンクリート造14階建	609.07	78.42	2,922	1,231,700	69.28	107.69	1,943	4,886	2,400万円台	2003年8月
302	ファミール東川原	東川原20-69-12	29	29	鉄筋コンクリート造14階建	1,717.02	84.74	3,022	1,178,800	72.29	94.54	2,350	3,770	2,500万円台	2003年3月
303	サーパス西古松第1弾	西古松町1-103	104	104	鉄筋コンクリート造14階建	2,903.75	78.24	2,713	1,146,100	68.16	92.69	1,980	3,670	2,400万円台	2003年11月
304	リビンコート下中野	下中野3-7-32	42	42	鉄筋コンクリート造14階建	1,829.93	81.26	2,143	872,000	80.00	87.77	1,718	2,474	2,200万円台	2003年12月
305	リベール古古町	古古町11丁目3-1	48	48	鉄筋コンクリート造14階建	1,355.82	85.68	3,055	1,178,600	76.05	96.39	2,080	3,950	2,400万円台	2003年12月
306	グラン・コート門田屋敷一番	門田屋敷1丁目5-148	54	54	鉄筋コンクリート造14階建	2,884.48	80.70	2,732	1,119,200	75.36	95.23	2,285	3,680	2,500万円台	2003年9月

※竣工、完成時点での一覧表であり、通常発表される建築着工戸数とは異なり、発売時のものではない。
※なお、ここで論じる分譲マンションは、あくまでファミリー型分譲マンションを主体にしたので、区分所有法に基づかないもの、また、住宅としての基本である地域コミュニティの欠落しているワンルームマンション、リゾートマンションまたは、20戸以下の小規模マンションは除外している。

おわりに

　岡山の分譲マンション市場では、都心回帰に始まる活発な活動が続いている。ということは中古マンションストックがますます増大しているという構図になる。
　新築マンションが販売される度に中古マンションは増え続けていることになる。しかし岡山の中古マンション市場の流通量も判然としないし、またその価格がどのように査定され、それが適正な価格として流通しているのかが、ほとんど無関心のまま慣行化されている。
　その原因は3つの大きな要素が存在しているのではないか。1つは分譲マンションの本質が語られないままに販売され流通していること、2つめは中古マンションも同様に本質が語られないことはもちろん、その実態が判然としないまま流通していること、3つめはその不動産情報、その中でも中古マンション価格情報の不透明さにある。
　こうした問題に対して、そんなに簡単に解決できることではないが、少なくとも分譲マンションの本質理解に向けての指針と、中古マンション市場の実態、そして流通量の把握に少しでも役立つことになればと、本書を発刊することになった。
　この資料整理に多大のお力を頂いた、富田隆一郎氏、谷本国男氏、村上昌之氏、重成久美子さんに大変お世話になり、ありがとうございました。そして中古マンション成約情報をご提供頂いた多くの方々に厚くお礼を申し上げます。

2004年12月

　　　　　　　　　　　　　　　　　　　　　　　　　　　　　　　筆者

■著者略歴

浅香　又彦（あさか　またひこ）

1932年	大阪に生まれる
1954年	東京教育大学（現筑波大学）卒業
2000年	岡山商科大学大学院修士課程終了
1970年	両備バス(株)　不動産部入社
1991年	同社　専務取締役、不動産事業本部長
1998年	同社　退任
1976年	(社)岡山県不動産協会副理事長、
	(社)岡山県住宅地供給協会副理事長
1990年	(社)岡山県住宅地供給協会理事長
	(社)全国住宅地供給協会連合会、理事
1996年	岡山理科大学専門学校、非常勤講師(不動産概論)

現　在　両備運輸(株)専務執行役員(不動産担当)
現住所　岡山市東畦145－42
　　　　グレースマンション伍番館1005号

主な著書
『分譲マンションのマーケティング』（大学教育出版、2001年）

混迷する中古マンション流通市場
――岡山を中心とした事例――

2005年3月10日　初版第1刷発行

■著　者――浅香　又彦
■発行者――佐藤　守
■発行所――株式会社 大学教育出版
　　　　　〒700-0953　岡山市西市855-4
　　　　　電話(086)244-1268　FAX(086)246-0294
■印刷所――互恵印刷(株)
■製本所――(有)笠松製本所
■装　丁――ティー・ボーンデザイン事務所

Ⓒ Matahiko Asaka 2005, Printed in Japan
検印省略　落丁・乱丁本はお取り替えいたします。
無断で本書の一部または全部を複写・複製することは禁じられています。

ISBN4-88730-607-5